# INHALTSVERZEICHNIS

# EINFÜHRUNG IN DAS HEFT

Das vorliegende Heft thematisiert, wie bereits das 1. Heft dieser Jahresreihe, den Baum.

Wir schauen den Baum als Tannenbaum, schmücken und deuten ihn als Paradiesbaum, Weihnachts-Christbaum. Als Kreuzesbaum wird er zum Baum des Heils, der Erlösung.

So schlägt dieses Heft einen Bogen von der Krippe zum Kreuz. Es greift über die Advent-Weihnachtszeit hinaus in die Fastenzeit hinein. Die Verbindung des Kindes in der Krippe mit dem am Kreuz erhöhten Herrn findet sprachlichen und bildhaften Ausdruck in der Legende „Die Träume der drei Bäume". Aus ihrem Holz werden Krippe, Boot und Kreuz und unsere Kinder erfahren, daß es ein und dieselbe Person ist, Gott und Mensch zugleich, das Kind im Stall zu Bethlehem, der Mann am Kreuz und der, der in der Seesturmgeschichte mit uns in einem Boot sitzt und uns aus dem Untergang rettet.

Das Heft ist in seinen Einheiten für den Elementar- und Grundschulbereich konzipiert. Sowohl das adventliche Thema, wie auch die Legende sind als Projekte gedacht, d. h. ihre Erschließung und Bearbeitung bedarf eines längeren, zusammenhängenden Zeitabschnittes.

Denen, die Kindergottesdienste gestalten, wird es nicht schwerfallen, die Thematik auf diesen Bereich zu übertragen. Die Gestalt des Tannenbaumes, sein Schmücken gibt hinreichend Stoff für die vier Adventsonntage. Das Entzünden der Kerzen am Baum unter dem Thema „Mit Jesus kommt das Licht zu uns" kann Inhalt der Krippenfeier werden.

Das gleiche gilt für die Geschichte „Die Träume der drei Bäume". An Hand ihrer Träume können wir in einem Gottesdienst nachsinnen, was wir vom Leben erhoffen, erträumen. Für Jesus Krippe sein, mit ihm in einem Boot sitzen, ihn, sein Kreuz im eigenen Leben tragen, wären Gottesdienstthemen für die Zeit zwischen Weihnachten und Ostern.

Die „Baumlegende" wurde von Thomas Brunnhuber mit einer Reihe einfacher Lieder und Liedrufe ausgestaltet. Als Singspiel in der Fastenzeit kann man sie sich gut in der Schule vorstellen.

Es bleibt noch allen zu danken, die am Zustandekommen des Heftes mitgewirkt haben. An erster Stelle steht Frau Hanni Neubauer, die die Grundkonzeption des Heftes erstellt hat, Thomas Brunnhuber für die Bearbeitung der Baumlegende, Frau Monika Molnar für die Zeichnungen, Fritz Maier für die Titelbildgestaltung, Ingrid und Volker Engl für den Notensatz.

Schriftliche Reaktionen auf das Heft würden uns freuen. Wir wünschen gutes Arbeiten.

*Die Herausgeber*

# DER TANNENBAUM ALS WEIHNACHTSBAUM – CHRISTBAUM

Text: August Zaynack - Ernst Anschütz
Melodie aus dem 19. Jahrhundert

2. O Tannenbaum, o Tannenbaum, du kannst mir sehr gefallen!
Wie oft hat nicht zur Weihnachtszeit ein Baum von dir mich hoch erfreut!
O Tannenbaum, o Tannenbaum, du kannst mir sehr gefallen!
3. O Tannenbaum, o Tannenbaum, dein Kleid will mich was lehren:
Die Hoffnung und Beständigkeit gibt Trost und Kraft zu jeder Zeit.
O Tannenbaum, o Tannenbaum, dein Kleid will mich was lehren:

Das Lied, am Weihnachtsabend unter dem Christbaum gesungen, wer kennt es nicht?
Es erzählt vom Tannenbaum, seinem immerwährenden Grün, Zeichen der Hoffnung, Sinnbild für Beständigkeit und Freude, Symbol, das Kraft und Trost zu schenken vermag. Von Gott ist im Lied nicht ausdrücklich die Rede und doch ist er ausgesagt in seiner Wirkkraft. Sind nicht Beständigkeit, Kraft, Trost und Hoffnung die Gaben seines Geistes?
Der Brauch, einen Tannenbaum am Weihnachtsabend in die Stuben und Wohnungen zu holen, ist gar nicht so alt. Die „Wiege" des mit Lichtern geschmückten Baumes steht im Elsaß. Dort finden wir das erste schriftliche Zeugnis über ihn aus dem Jahr 1605. Nach Österreich und Ungarn kam der Christbaum Ende des achtzehnten, Anfang des neunzehnten Jahrhunderts. In München wurde er erstmals 1825 erwähnt als weihnachtlicher Schmuck der königlichen Residenz. In Baden-Württemberg findet er ab 1860 seinen Platz. Heute ist er kaum wegzudenken aus dem weihnachtlichen Brauchtum.

Brauchtum wiederum bedarf der Pflege, der immer neuen Sinnerschließung, soll es nicht in einen rein äußerlichen, leeren Vollzug abgleiten.
Was ist nun die Botschaft des Tannenbaumes an uns?

## DIE GESTALT

Sie ist eine Besonderheit unter den Baumgestalten. Wie ein Pfeil zeigt der Tannenbaum in seiner Spitze gegen Himmel. Seine Äste dagegen hängen nach unten, weisen auf die Erde. Manchmal berühren sie selbst noch die Erde. Finden wir in dieser Gestalt nicht etwas von uns wieder, unser Strecken und Sehnen nach oben, dorthin, wo es weit ist, wo das Licht ist, nach einem Zustand, der so trefflich in dem Liedvers zum Ausdruck kommt: „Über den Wolken muß die Freiheit grenzenlos sein?" Zugleich sind wir auf die Erde verwiesen. Wir sind aus ihrem Stoff geformt, stehen mit beiden Füßen auf der Erde, sind ihr verhaftet. Diese Doppelseitigkeit, die im Baum als Einheit, Ganzheit geschaut wird, erleben wir an uns oft schmerzlich als Spannung, ja Gespaltenheit. Es fällt uns schwer, unser Streben über uns hinaus, unsere Ideale mit den Grenzen, die uns in unserer Leibhaftigkeit, Endlichkeit gesetzt sind, in Einklang zu bringen. Der Geist ist willig; aber das Fleisch ist schwach, sagen wir.
Der weihnachtliche Tannenbaum verkündet uns nun: „Erhebet eure Häupter, eure Erlösung naht. Da kommt einer von oben, vom Himmel auf die Erde herab, um Oben und Unten, Himmel und Erde zu einen, zu versöhnen. In der Sprache der Theologie heißt es: Gott entäußert sich seiner Gottheit. Er nimmt unsere Menschennatur an. Er wird uns in allem gleich, die Sünde ausgenommen. Indem Gott in seinem Sohn vom Himmel herabsteigt, sich erniedrigt, werden wir erhöht. Er beschenkt uns mit seiner Kindschaft. Als Töchter und Söhne Gottes sind wir zu seiner Freiheit berufen, sind wir Erlöste. Jedes Weihnachten feiern wir diesen Herabstieg Gottes. In wortgewaltigen, bildhaften Gebeten und Liedern rufen wir nach seinem Kommen:

„O Heiland reiß die Himmel auf,
herab, herab vom Himmel lauf!
Reiß ab vom Himmel Tor und Tür,
reiß ab, wo Schloß und Riegel für."

Er soll kommen, der die Verbindung wieder herstellt zwischen Himmel und Erde, das Band knüpft, den Neuen Bund schließt:

„Herr, send herab uns deinen Sohn.
Wir warten auf ihn lange schon!"

„Gott werde Mensch, komm auf die Erde,
daß wir Menschen sind, menschlich werden.
Komme und mache alles neu!"

Der weihnachtliche Tannenbaum will Zeichen dieses Bundes zwischen Gott und den Menschen sein.

## DIE FARBE

Das immerwährende Grün der Äste und Zweige des Tannenbaumes ist eine Botschaft.
Hildegard von Bingen, eine der großen, weisen, heiligen Frauen des Mittelalters spricht von der Veriditas, der „Grünkraft“. Sie meint damit die Lebenskraft, die sich in allen Lebewesen, sei es eine Pflanze, Tier oder Mensch, äußert. Der Mensch besitzt über seine vitalen Lebenskräfte hinaus seelische, geistige. Alle Lebenskräfte haben ihren Ursprung in Gott. In der Vorstellung des sich besonders im Frühling erneuernden Lebens ordnet Hildegard diesen Lebenskräften die Farbe Grün zu.
Im Grün des Tannenbaumes schauen wir die Grünkraft das ganze Jahr hindurch und ganz besonders zu einer Zeit, wo es draußen in der Natur kalt geworden ist, Feld und Wiese mit Schnee bedeckt, die Bäume blätterlos, kahl sind. Der grüne Tannenbaum -zweig erscheint uns gleichsam als Garantie, daß alles wieder neu wird. Uns in unseren Herzen und darüber hinaus die ganze Erde erneuern aber will der, der da als Kind in einem Stall geboren wird, unser Gott. Mit seinem Kommen wird die Steppe ergrünen, die öde Wüste erblühen. Metaphorisch wird das göttliche Kind selbst als Blume bezeichnet, als Rose, aus dem Wurzelstock Jesses entsprossen.

„O Erd schlag aus, schlag aus o Erd,
daß Berg und Tal grün alles werd.
O Erd hervor dies Blümlein bring,
o Heiland aus der Erde spring.“

## DER SCHMUCK

Der grüne Tannenbaum, aus seinem natürlichen Lebensraum herausgenommen, ja entwurzelt und ins Haus gebracht, wird mit Äpfeln, Nüssen, Zapfen, Lebkuchen, bunten Kugeln, Blüten und vor allem mit Lichtern geschmückt. Er wird zum Zeichen der Fülle, zum Paradiesesbaum.

Wir tragen in uns den Traum vom Paradiesgarten, wo alles noch ungeschieden, eins und ganz ist: Himmel und Erde, der Schöpfer und die Schöpfung; wo der Mensch noch in Einklang steht mit Pflanze, Tier, ja mit allem, was ist, ein Urtraum aus der Kindheit des Menschengeschlechts, vielleicht auch aus unserer eigenen Kindheit, wenn sie eingebettet war in die Fürsorge liebender Eltern. Ja, und dann kommt der Bruch. Im Erwachsen- Eigenständigwerden wollen wir selbst bestimmen. Die Götter werden gestürzt. Wir wollen Gott gleich sein, indem wir die Frucht vom Baum des Lebens an uns reißen. Wir essen vom Baum der Erkenntnis von Gut und Bös und erkennen uns als nackt und bloß. So erwacht, umgibt uns eine kalte, dunkle, steinige Welt. Was gleich einem Stachel im Herzen bleibt, ist der Traum vom verlorengegangenen Paradies, die Sehnsucht danach.

An dieser Sehnsucht knüpft Weihnachten an. Es verheißt die Verwirklichung unseres Traumes. Gott selbst will kommen, um uns zu retten und zu erlösen, einen neuen Himmel und eine neue Erde zu begründen, die verlorengegangene Einheit zu stiften und uns mit der Fülle des Lebens zu beschenken. Der Weihnachtsbaum erinnert uns an das Paradies, an das verlorengegangene wie an das verheißene neue, den neuen Himmel, die neue Erde. Schauen wir seine Zeichen an!

## Zapfen

Die Zapfen unserer Nadelbäume faszinieren: Kiefern-, Lärchen-, Pinien-, Tannenzapfen, unterschiedlich in der Form, im Charakter wiederum gleich, hölzern, den Samen bergend, aus dem wieder Holz werden soll. Zunächst verschlossen, öffnen sie sich in der Wärme, springen sie auf, werden weit, geben Leben frei.
Und so wiederum werden sie Zeichen für unser eigenes Leben. In einer Atmosphäre der Kälte, der Lieblosigkeit sind wir verschlossenen Zapfen gleich. Ansehen, Zuneigung, Wertschätzung aber öffnen uns das Herz, lassen uns verschenken, was in uns an Leben, Liebe ist.
Weihnachten ist das Fest der Beziehung, Liebe. In manchen Häusern verdichtet sich der gute Wille füreinander zu einer spürbaren Atmosphäre, die sich in tausend offenen und heimlichen Aktivitäten äußert, in Putzen und Backen, Schmücken und dem Besorgen von Geschenken und ..... In dieser Atmosphäre der Herzlichkeit öffnen wir uns, werden wir weich im Herzen, finden die Kräfte des Herzens zueinander Wege. Der Anlaß dafür aber ist letztlich der, der Beziehung und Liebe schlechthin ist, unser Gott. Er verschenkt sich an uns und seine Liebe nimmt Gestalt an in dem Kind von Bethlehem. Ist nicht jedes Kind Offenbarung einer – seiner Beziehung?

## Apfel

Als Frucht des Baumes wird er Sinnbild für die Frucht des Leibes.
Da horcht ein Mensch, Maria, auf die Botschaft Gottes, seines Engels. Sie gehorcht. Sie sagt ja zu dem, was Gott ihr zumutet, wozu er sie erwählt. Der Apfel vom Baum des Lebens wird empfangen und nicht an sich gerissen. Die Frucht des Leibes wird geboren und Gott übergeben. Der Apfel wird gleichermaßen wieder an seinen ursprünglichen Ort zurückgebracht. Der Anfang des neuen Gartens ist gesetzt. Das Reich Gottes bricht an.
Wir grüßen Maria und in ihr alle Menschen, die auf Gottes Wort hören, ihm gehorchen, Gottes Leben tragen und Frucht werden lassen mit dem Gruß der Elisabeth: Du bist gebenedeit unter den Frauen und gebenedeit ist die Frucht deines Leibes, Jesus.

## Blume – Blüte

Das Lied „Maria durch ein Dornwald ging“ erzählt, wie bereits das Kind in Marias Schoß die Erde verwandelt. „Da haben die Dornen Rosen getragen.“

Am Heiligen Abend, bei der Feier der Geburt des Herrn singen wir dann: „Es ist ein Ros entsprungen aus einer Wurzel zart." Welch ein Wunder in dunkler Nacht! Können wir es verstehen? Gottes Liebe blüht hinein in unsere Leiden und Nächte im Kommen eines Kindes.

**Lebkuchen**

Lebkuchen, Plätzchen sind eine Sonderform des Brotes, eine Art Kuchenbrot. An den Christbaum gehängt, als Weihnachtsgebäck geschenkt, wollen sie uns sagen, es kommt eine köstliche Zeit. „Kostet und seht, wie gut der Herr ist." Gott will über alle Sinne in uns eingehen, erfahrbar werden, auch über Zunge und Gaumen.
Bethlehem, wo Jesus geboren wird, heißt übersetzt: Haus des Brotes. Brot wird Jesus in Fülle schenken. 5000 Menschen speist er mit fünf Broten und zwei Fischen. Am Ende sammelten sie von den übriggebliebenen Stückchen 12 Körbe.
Von sich selbst spricht Jesus: „Ich bin das lebendige Brot, das vom Himmel gekommen ist. Wer von diesem Brot ißt, wird leben in Ewigkeit" (Joh. 6,51). Wir danken es ihm in dem Vers: „Brot vom Himmel hast du uns gegeben, das alle Süßigkeit in sich enthält."

**Licht**

Mild und warm leuchten die Kerzen am Christbaum. Sie erhellen in dunkler Zeit den dunklen Raum. Wir erschauen in ihnen etwas vom Wesen des Lichts. Es ist immer stärker als die Finsternis. Im Raum entzündet fällt es auch hinaus in die Nacht und erhellt sie. Und ist die Nacht zu Ende, erhellt das Licht der Sonne alle Dunkelräume, in die es einzudringen vermag.
Wie das Licht die Nacht durchdringt, so überwindet die Liebe den Haß, das Leben den Tod, das hoffen und glauben wir. Und unser Gott ist alles zugleich, Licht, Liebe, Leben. In Jesus scheint er uns auf, leuchtet er uns ein, Licht vom Lichte. Alle, die ihn aufnehmen, werden der Finsternis entrissen und zu Kindern des Lichtes.

## PÄDAGOGISCHE AUFGABE

Den Tannenbaum als Weihnachts-Christbaum schauen und gestalten kann uns zu einem pädagogischen Anliegen werden, das uns eine ganze Adventszeit hindurch bewegt. Es umfaßt eine Fülle von Aktivitäten. In ihrer Beschreibung lassen sich nennen:
der Weg nach draußen in die Natur;
in Beziehung treten mit den Dingen draußen, mit der Gruppe, mit sich selbst;
wahrnehmen, beobachten, vergleichen;
erfassen von Charakteristischem, Wesentlichem, von Bezügen und dies wiederum zum Ausdruck bringen in Sprache, Lied, leibhafter Darstellung, bildnerischem Gestalten;

Erinnerung und Schulung von Kräften wie Staunen, Achtsamkeit, Sorgsamkeit, wertschätzende Anteilnahme, Ehrfurcht;
Sinnerschließung in der Weise, daß wir, des Goethewortes eingedenk „Was draußen ist, ist drinnen, und was innen ist, ist außen", in den Dingen uns selbst erfahren, unseren „Eigensinn" und sie schließlich als Zeichen für den deuten lernen, den der Theologe Hans Küng den letzten und tiefsten Sinn- und Seinsgrund nennt, Gott.
In der Vorgangsweise ist dabei Langsamkeit angesagt. Wir sprechen von einer Pädagogik des Verweilens. Es kommt nicht auf eine Anzahl von Aktivitäten an, die zur Oberflächlichkeit und Hektik führen, sondern auf ein Schauen, Erfassen, Begegnen in Gelassenheit und Ruhe. Die Advent-Weihnachtszeit ist eine besinnliche Zeit.
Sinnerfassung über die Sinne bedarf einer Einstellung, wie sie das folgende Lied beschreibt:

Zeit für Ruhe, Zeit für Stille,
Atem holen und nicht hetzen,
unser Schweigen nicht verletzen,
laßt uns in die Stille hören.

2. Ich stehe im Wald in einem grünen Kleid,
und zeige nach unten auf die Erde weit.
Ich will euch verkünden, in einem Stall auf Stroh
wird Er geboren, das macht uns alle froh.

3. Ich stehe im Wald in einem grünen Kleid,
Ich trag es im Sommer und auch zur Winterszeit.
Ich will euch verkünden Hoffnung und Mut.
Gott kommt zu uns und macht die Erde gut.

# WIR SUCHEN – BESUCHEN EINEN TANNENBAUM

Ein Tannenzweig, den wir betrachten, regt uns an, nach dem Baum zu suchen, zu dem solch ein Zweig paßt. Ein Weg nach draußen, in den Garten, Park oder Wald, ist vorgesehen. Der/die Erzieher/in muß bei der Vorbereitung bezüglich des Standortes des Baumes entsprechende Erkundigungen einziehen.

**Wir betrachten einen Tannenzweig**

❍ Ein in einem grünen Rhythmiktuch eingehüllter Tannenzweig wird in die Kreismitte gebracht, entdeckt und von einzelnen Kindern behutsam berührt.
Es kann ein Kind auch unter Augenschluß zur Mitte geführt werden, um so den Zweig zu fühlen, eventuell zu riechen.

❍ Der Tannenzweig wandert im Kreis, indem ein Kind das andere, das die Augen geschlossen hat, sachte damit berührt.
Auf diese Art üben wir behutsam, wertschätzenden Umgang mit einem Gegenstand der Schöpfung und über ihn miteinander.

❍ Wir stellen die Gestalt des Zweiges, seiner Nadeln mit den Händen dar, jeder für sich, aber auch in Gruppen zu dritt oder viert. Wir lernen auf diese Weise seine Wesensgestalt zu schauen und üben uns in der Kommunikation miteinander.

❍ Im Gespräch
- benennen wir den Zweig auf verschiedene Weise, z.B. Nadelzweig, grüner Zweig, Tannenzweig, usw.
- äußern wir, woran uns der Zweig denken läßt, z.B. Wald, Advent- Weihnachtszeit, Christbaum, usw.
- überlegen wir, wo wir einen entsprechenden Baum finden, z.B. Garten, Park, Wald, Christbaumverkauf, usw.

**Wir suchen einen Tannenbaum**

❍ Wir gehen in den Park, bzw. Wald. Hier können die Kinder unter den vielen Bäumen selbst einen Tannenbaum suchen und bestimmen. Im Wald werden sie wahrscheinlich zunächst eine Fichte entdecken.
❍ Wir vergleichen an Hand unseres mitgenommenen Tannenzweiges die Zweige von Tanne und Fichte. Welche Unterschiede stellen wir fest?

❍ Wir vergleichen die Bäume, die Nadeln tragen mit denen, die ein Blätterkleid haben und zur Winterszeit kahl stehen. Wir unterscheiden zwischen Nadel- und Laubbäumen.

❍ Wir suchen einen Tannenbaum.

**Wir schauen einen Tannenbaum an**

❍ Wir treten ganz nahe zum Baum.
Wie nahe können wir ihm kommen?
Können wir den Stamm ergreifen oder reichen die Äste, Zweige bis zum Boden?
Können wir unter den Ästen gerade noch stehen oder müssen wir uns bücken, durchs Geäst kriechen?

❍ Wenn wir unter dem Baum stehen, nahe dem Stamm – schauen wir hinauf.
Entdecken wir etwas vom Himmel?
Dunkel ist es unter dem Tannenbaum, dunkel im Tannenwald.

❍ Wollen wir den ganzen Baum sehen, müssen wir weiter zurücktreten. Wie weit? Wir zählen unsere Schritte, die wir zurückgehen müssen, bis wir den ganzen Baum sehen.

❍ Wir schauen die Form des Tannenbaumes an. Wir zeigen sie mit unseren Händen. Welche Form haben die Laubbäume? Auch dies können wir mit unseren Händen zeigen.

❍ Wir betrachten die Äste des Tannenbaumes. Oben sind sie klein, nach unten werden sie größer, breiter. Sie sind ausladend, schwer, reichen fast bis zur Erde.

❍ Wir übernehmen die Baumgestalt in den eigenen Leib, zeigen die Spitze, die hängenden Zweige.

❍ Wir sind selber „Tannenbäume“, die in die Erde verwurzelt sind, zum Himmel wachsen. (Baummeditation: siehe Heft 1997-1-17)

## Wir hören, was der Tannenbaum uns sagen will

❍ Der Fähigkeit, die Sprache der Dinge, ihre Zeichenhaftigkeit zu erkennen, zu verstehen und zu formulieren gilt unser unentwegtes Bemühen. Dieses Bemühen ist vielfach ritualisiert, d.h. mit einer bestimmten Form verbunden, z.B. mit einem Liedvers: Sei einmal ganz leis (Heft 96-1-18).
Oder: Zwischen den einzelnen Aussagen wird eine Cymbel angeschlagen, bzw. auf eine Holzblocktrommel geklopft, usw.

❍ Die Antworten der Kinder, durch die vielschichtige Beziehungsaufnahme mit Tannenzweig und Tannenbaum vorbereitet, sind nicht vorherstimmbar. Sie bedürfen wohl auch einer Ergänzung, Vertiefung, Deutung durch den/die Erzieher/in. In unserer Anschauung soll zur Sprache kommen:

Ich stehe im Wald – Ich bin grün.
Ich bin immer grün, im Sommer, im Winter.
Ich habe die Farbe des Lebens.
Mit meiner Spitze zeige ich zum Himmel.
Mit meinen Zweigen zeige ich zur Erde.
Ich verbinde den Himmel und die Erde.
Einen kleineren Bruder von mir werdet ihr in euer Haus stellen.
Ihr schmückt ihn dann als Weihnachtsbaum.
Christbaum sagt ihr auch dazu.
Ihr feiert, daß Jesus geboren wird,
Jesus Christus, der Heiland.
Er kommt vom Himmel auf die Erde.
Er will die Erde ganz neu machen.

❍ In Freude auf dieses Fest singen wir: Ich stehe im Wald (Heft S. 8) oder:

T. u. M.: H.Neubauer

# WIR BEREITEN UNSEREM BAUM EINEN PLATZ IM HAUS

Wir haben einen Tannenbaum im Park oder Wald aufgesucht. Wir haben vor, einen Tannenbaum für unser Haus, unseren Gruppenraum beim Christbaumverkäufer zu erstehen. Wir bereiten diesem Baum einen Platz.
Wenn es sich ermöglichen läßt, ist es gut, den Ort so zu wählen, daß wir mit den Kindern uns rund um den Baum bewegen können – ihn von allen Seiten sehen. Der Weihnachtsbaum soll uns in der Advent-Weihnachtszeit ein Zeichen werden für den, der in unsere Welt, in unsere Mitte kommen will, Jesus.
Darum darf auch unser Christbaum den Platz in unserer Raummitte einnehmen.

## Wir suchen für unseren Christbaum einen Platz – versammeln uns dort

- ❍ Im Gespräch mit den Kindern überlegen wir uns einen Platz für den Christbaum, sodaß wir wir uns alle um ihn herum versammeln können.
- ❍ Wir legen an diesem Platz vier braune Rhythmiktücher aus, runden sie ein, und versammeln uns um diesen Platz.
- ❍ In einem Lied, das wir auch als Kanon singen und mit Gestik begleiten können, bilden wir die Runde.

T.: H.Neubauer

- ❍ Unser Bodenbild läßt uns an manches denken: Acker – Gartenbeet – Loch – Ball – Erdball – Erdkugel.
- ❍ Wir stellen uns rund um unseren „Erdball" auf. Wir sind alle Kinder dieser Erde. Jeder hat seinen Platz auf der Erde und doch stehen wir zusammen. Lied zu obiger Melodie:
  „Ich hab Platz und du hast Platz. Jeder steht auf seinem Platz.
  Alle stehn zusammen!"

## Wir bereiten uns – dem Christbaum den Platz

Unser Tannenbaum soll mitten unter uns einen Platz bekommen, einen Platz, einen Platz auf der Erdmitte. Zuvor darf jedes Kind sich auf den Platz stellen, der für den Baum bestimmt ist, den Mitteplatz einnehmen.

Damit soll dem Kind verdeutlicht werden: Ich habe meinen Platz auf der Welt. Er wurde mir beim Eintritt in mein Erdenleben bereitet. Ich bin willkommen. Ich werde angesehen, als wertvoll erachtet.
Dies wiederum mag im Hinblick auf Weihnachten, das Kommen des Herrn, die Kinder motivieren, Jesus den Platz zu bereiten. Das kann immer nur aus der eigenen Mitte, dem Herzen heraus geschehen.

❍ Ein goldener Reifen wird in das „Erdenrund" gelegt.

❍ Einzelne Kinder, beim Namen gerufen, dürfen in den Reifen treten. Wir singen, jeweils ihren Namen nennend, ihnen zu (siehe Melodie: S.12).
„Mitten hier in unserem Kreis,
mitten auf dem Erdenrund
steht jetzt unsere Christa."

❍ Der/die Erzieher/in kann sagen: Wir freuen uns, daß die Christa da ist. Sie ist für uns ganz wichtig und wertvoll. Darum schenken wir ihr ein Zeichen.
Für das Kind werden zwei bis drei Goldteile (Streifen – Plättchen – Kugeln, etc.) angelegt.

❍ Das Kind in der Mitte ruft ein anderes beim Namen, das an seine Stelle tritt. So wird jedes Kind bei seinem Namen gerufen. Es wird geschmückt.

❍ Zum Abschluß schauen wir, wie schön und kostbar unsere Erde geworden ist. Wir geben dem Kreis in der Mitte Namen, wie Sonne, Stern, Krone, Ehrenplatz.
Dahinein soll unser Baum gestellt werden.

**<u>Der Christbaum wird empfangen, bekommt seinen Platz</u>**

Das Ankommen und Aufstellen des Christbaumes wird so zu organisieren sein, daß er nicht bis zur Weihnachtsfeier vertrocknet, andererseits genügend Zeit besteht, ihn zu schmücken, was ja wiederum mit Weile und rituell vollzogen werden soll.

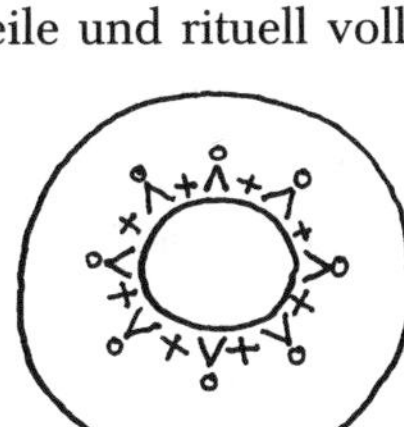

❍ Die Kinder versammeln sich im Kreis um das Bild der Erde, den geschmückten Mitteplatz. Sie betrachten den Reifen, der immer noch leer ist und wartet, gefüllt zu werden.

❍ Die Kinder werden angeleitet, die Augen zu schließen und „innen“ den Tannenbaum zu sehen, den wir im Park, im Wald besucht bzw. beim Christbaumverkäufer gekauft haben:
die Spitze, die zum Himmel zeigt,
die Zweige, die zur Erde reichen.
Der Baum will uns ein Zeichen sein, daß da einer vom Himmel auf die Erde kommt, Jesus, unser Heiland.

❍ Der/die Erzieher/in weckt die Kinder mit einem Cymbelton und bringt den Tannenbaum in die Mitte.
Er/sie hebt ihn hoch – hebt ihn ins Licht.

❍ Wir begrüßen den Tannenbaum in einem Lied:

T. u. M.: H.Neubauer

2. Wir klaschen jetzt, du bist jetzt da, . . .
3. Wir hüpfen hoch, du bist jetzt da, . . .
usw.

❍ Wir vergleichen die Größe des Baumes mit der des Tannenbaumes im Walde.
Wie groß ist er? Ist er größer als wir? Können wir bis zum Gipfel reichen? Wir strecken uns nach oben, wohin der Baum zeigt.

❍ Wir suchen mit den Augen einen Zweig, der uns besonders gefällt.
Einzelne Kinder dürfen zum Baum gehen, den Zweig streicheln, seinen Duft riechen.

❍ Erinnern wir uns noch an das Lied, worin der Baum uns eine Botschaft verkündet? Wir könnten es, etwas abgewandelt, singen:

2. Ich stehe bei euch in einem grünen Kleid
und zeige nach unten auf die Erde weit.
Ich will euch verkünden, in einem Stall auf Stroh
wird Er geboren, das macht uns alle froh.

3. Ich stehe bei euch in einem grünen Kleid.
Ich trag es im Sommer und auch zur Winterszeit.
Ich will euch verkünden Hoffnung und Mut.
Gott kommt zu uns und macht die Erde gut.

## Wir beten um das Kommen Gottes

Wir können dabei, der Gestalt des Baumes entsprechend, die Baumspitze zeigen, indem wir die Hände hoch zum Himmel strecken und sie dann gleich den Ästen nach unten führen.
Die Handflächen sind dabei geöffnet, ein Zeichen der Bereitschaft.
Die Kinder äußern sich in freien Bitten, wozu Gott – Jesus zu uns auf die Erde kommen soll.
Dazu singen wir:

## WIR SCHMÜCKEN DEN BAUM MIT ZAPFEN

Wenn Kinder ihre Bodenbilder legen, einen Apfel, eine Blume, einen Stern und anderes, geht es meist nicht um Konstruieren als vielmehr um Gestalten, Schmücken, Verzieren. Kreativität, Beziehung, ja Liebe zu dem, was ins Bild kommt, entfalten sich im Gestaltungsakt. Wertschätzung findet Ausdruck.
Nicht anders verhält es sich, wenn wir gemeinsam unseren Weihnachtsbaum schmücken. Er ist bereits bedeutsam geworden in der Art, wie wir ihn gesucht, ihm einen Platz bereitet haben. Nun bekommt er sozusagen ein Festkleid, goldene Zapfen, Blüten, Äpfel, Lebkuchen.
Das Vorbereiten des Schmuckes kostet selbst wiederum Mühe, erfordert Sorgfalt und weckt wohl auch Freude. Da wurden Kiefernzapfen im Wald gesammelt, in die Wärme gebracht, damit sie sich öffnen, und schließlich vergoldet. Aus Folienpapier wurden Apfelbaumblüten erstellt. Es wurde Teig angerührt, Lebkuchenherzen ausgestochen, gebacken und mit Zuckerguß verziert. Selbst die Äpfel sind nicht einfach irgendwelche. Die Kinder haben rote, ganz besonders schöne ausgemacht und glänzend poliert, bzw. künstliche aus rotem Glanzpapier verfertigt.
Mit großer Liebe und Bedachtsamkeit vorbereitet, kommt der Schmuck an den Baum, aber nicht alles auf einmal, sondern immer nur eine Art. Adventliche Feiern, durch ein gewisses Ritual geordnet, entwickeln sich daraus. Die Zeichen werden mit Blick auf das große Fest der Menschwerdung Gottes und unserer eigenen Menschwerdung geschaut und gedeutet. Im Gebet bitten wir Gott um sein Kommen zu uns und in uns.
Beginnen wir mit unseren goldenen Zapfen.

**Sich versammeln**

- Ein Glocken-Gongzeichen lädt die Kinder ein, sich um den Baum zu versammeln.

- Wir machen uns unser Versammeltsein – Dasein in Lied und Gestik bewußt, schauen aufeinander, reichen uns die Hände.

  Liedruf: „Ich bin da und du bist da ...!“
  (Siehe Heft S. 12)

- Wir begrüßen unseren Baum

  Liedruf: „Wir freuen uns, du bist jetzt da ...“
  (Siehe Heft S. 14)

- Wir erinnern uns an seine Botschaft

  Lied: „Ich steh im Haus im grünen Kleid.
  (Siehe Heft S. 15)

## Den goldenen Zapfen schauen

❍ Einem Körbchen unter dem Tannenbaum entnimmt ein Kind einen goldenen Zapfen. Er hängt an einem goldenen Band. Das Kind trägt den Zapfen am Band ruhig und für alle sichtbar im Kreis.

❍ Der Zapfen wandert nochmal im Kreis von Kind zu Kind.
Wir achten darauf, daß er nicht schaukelt, sondern ganz ruhig ist.
Dazu können wir als Liedvers singen:

❍ Zuletzt suchen wir für den Zapfen am Baum einen schönen Platz.

## Den goldenen Zapfen spielen und deuten

❍ Wir erinnern uns, wie die Zapfen, als wir sie sammelten, noch zum Großteil geschlossen waren, wie sie sich in der Wärme geöffnet haben.

❍ Wir zeigen dieses Verschlossensein – Sich öffnen mit den Händen.

❍ Wir spielen mit dem ganzen Körper das Verschlossensein.
Der/die Erzieher/in geht von Kind zu Kind, spürt der Verschlossenheit nach und erklärt, daß es viel Wärme braucht, damit sich alle verschlossenen Zapfen (Kinder) öffnen. Er/Sie werde die Wärme bringen.

❍ Er/Sie geht nochmals von Kind zu Kind, läßt jedes einzeln über die Hände Wärme spüren, bzw. berührt das Kind. Wer die Nähe – Wärme spürt, kann sich öffnen.

❍ Wir denken nach: Wenn etwas verschlossen ist, kann es nichts aufnehmen und nichts hergeben. In der Wärme öffnet sich vieles. Die Knospen springen auf, die Blüten, Blumen öffnen sich. Wärme, Warmherzigkeit, Liebe öffnet auch die Hände, das Herz der Menschen. Sie können Gutes, Liebe, Freude annehmen, aufnehmen und auch wiederum weiterschenken.

❍ Jedes Kind erhält nun einen goldenen Zapfen in die Hände gelegt.

T. u. M.: Kett

❍ Wir deuten Gold als etwas Wertvolles, Kostbares. Ringe werden daraus gemacht, ebenso die Krone des Königs. Ein Königskind will zu uns kommen. Gott schickt es zu uns, Jesus heißt es. Jesus will uns sagen, daß wir auch alle Königskinder sind, Kinder Gottes, ganz wertvoll, kostbar. Das Jesuskind will uns viel Liebe und Freude schenken, öffnen, was bei uns verschlossen ist, die Hände, Herzen, damit auch wir wieder schenken können.

❍ Die Kinder schmücken den Baum mit ihren Zapfen.

T. u. M.: H.Neubauer

**Beten:**

Wir haben den Baum mit goldenen Zapfen geschmückt.
Sie sagen: Eine goldene Zeit kommt.
Ein König wird geboren, Jesus, der Heiland.
Wir warten auf diesen Jesus.
Wir freuen uns auf ihn.
Wir wollen ihm unsere Hände, unser Herz öffnen.
Wir rufen: Komm Herr Jesus, komme bald. Amen.

# WIR SCHMÜCKEN DEN BAUM MIT ÄPFELN

Da echte Äpfel am Baum manchmal keine lange Lebensdauer haben, können wir mit den Kindern auch künstliche aus rotem Glanzpapier fertigen. Ein echter Apfel ist allerdings unverzichtbar. Weiter brauchen wir ein Strickpüppchen (Anleitung RPP 95-4-64) und dafür ein kostbares, verschließbares Behältnis. Ein herz- oder muschelförmiges Körbchen würde sich besonders eignen, bzw. eine entsprechende Spanschachtel.

**Sichversammeln**

Siehe das Eröffnungsritual Heft S.16

**Den Apfel als Frucht des Baumes schauen**

- Einem Körbchen unter dem Tannenbaum wird ein roter Apfel entnommen. Er wandert im Kreis. Das einzelne Kind empfängt ihn unter Augenschluß. Wir achten darauf, daß er behutsam wandert, nicht verletzt wird.

  Eventuell Liederruf:

  „Von einem zum anderen der Apfel soll wandern. Schau ihn an, fühl ihn an, gib ihn weiter dann." (Melodie siehe Heft S. 17)
- Wir stellen den Apfel mit den Händen dar, die Rundheit, Geschlossenheit, den Stil. Wir träumen in dieser Haltung und unter Augenschluß durch die Schale hindurch ins Innere hinein. Was können wir sehen? Das Apfelfleisch, das Kernhaus, braune Kerne?

- Wir hängen vorstellungsmäßig und gestenmäßig unsere Äpfel wieder dorthin, wo sie gewachsen sind: an den Apfelbaum.
- Wir sprechen vom Apfelbaum als Mutterbaum. Die Äpfel sind seine Kinder, seine Früchte. Sie sind mit ihm über den Stil verbunden, bekommen über den Stil den Lebenssaft zum Wachsen.

**Das Kind als Frucht des Leibes**

- Die Erzieherin bringt, in ihren Händen verschlossen, ein kleines Püppchen in den Kreis. Sie öffnet die Hände, zeigt es jedem Kind und birgt es dann behutsam wieder in ihren Händen.

- In einem Gespräch legt sie den Kindern dar, wie der Apfel die Frucht des Baumes ist, so ist jedes Kind die Frucht des Leibes seiner Mutter. Sie erzählt, wie menschliches Leben ganz klein beginnt, kleiner als ein Apfelkern, so klein, daß man es mit bloßem Auge nicht sieht;
  wie ein Kind 9 Monate im Leib der Mutter wächst;
  wie es mit der Mutter über die Nabelschnur verbunden ist (Apfel – Stil) und von der Mutter alles bekommt, um zu leben, zu wachsen;
  wie es nach 9 Monaten keinen Platz mehr hat im Leib der Mutter und heraus muß, geboren wird, die Nabelschnur durchgeschnitten wird.
  Wenn das Kind drei bis vier Monate alt ist, ist es so groß geworden, daß die Mutter auch spürt, wie es sich bewegt.
  Die Mutter sorgt sich um das Kind in ihrem Leib. Sie denkt an es. Sie sagt:
  Hoffentlich hat mein Kind gesunde Augen.
  Hoffentlich hat mein Kind gesunde Ohren.
  Hoffentlich hat mein Kind gesunde Füße und Hände.
  Hoffentlich hat mein Kind ein gesundes Herz.
  Die Mutter ist guter Hoffnung.

- Einzelne Kinder dürfen das Püppchen in ihren Händen bergen, es wiegen, ihm auf die Frage, was erhoffst du dir für das Kind, Gutes wünschen.

- Zuletzt wird das „ungeborene Kind“ in das weich ausgelegte Körbchen zurückgegeben. Es ist ja noch nicht geboren. Es wohnt noch im Leib seiner Mutter, ganz nahe ihrem Herzen.
- Wir bringen das Körbchen unter den Tannenbaum auf weiches Moos. Der Apfel wird mit einem roten Band versehen und am Baum aufgehängt.

**Du bist gebenedeit unter den Frauen und gebenedeit ist die Frucht deines Leibes.**

Die Erzieherin erzählt von Maria, der Mutter Jesu.
Maria trägt das Jesukind im Leib, nahe ihrem Herzen. Das Kind liegt ihr am Herzen. Sie wünscht ihm Gutes, hofft, daß es gesund auf die Welt kommt. Sie ist guter Hoffnung. Sie ist auch voller Freude. Sie geht zu einer Verwandten, Elisabeth. Sie will ihr einfach sagen, was ihr Herz bewegt, was nahe ihrem Herzen lebt und wächst; denn sie wird auch Mutter. Sie trägt auch ein Kind im Leib. Sie wird alles gut verstehen.
Als Maria bei Elisabeth ankommt, da eilt Elisabeth aus ihrem Haus, breitet die Arme aus, umfängt die Maria und grüßt sie: „Du bist gebenedeit unter den Frauen und gebenedeit ist die Frucht deines Leibes, Jesus“.

❍ Die Kinder werden aufgefordert die Hände, Arme zum Gruß zu öffnen und die Worte Elisabeths an Maria nachzusprechen:

- „Du bist gebenedeit unter den Frauen und gebenedeit ist die Frucht deines Leibes, Jesus“:
- Wir grüßen auch Elisabeth, die Mutter wird. Johannes wird das Kind heißen, wenn es geboren ist.
  „Du bist gebenedeit unter den Frauen und gebenedeit ist die Frucht deines Leibes – Johannes“.
- Wir grüßen alle Frauen, die ein Kind im Leibe tragen:
  „Du bist gebenedeit unter den Frauen und gebenedeit ist die Frucht deines Leibes“.

❍ Wir schmücken mit unseren echten oder selbst verfertigten Äpfeln unseren Christbaum. Dazu können wir singen:

T. u. M.: H.Neubauer

## Gebet

Unser Baum ist geschmückt. Er trägt viele Äpfel. Er trägt reiche Frucht. Er will uns sagen. Bald wird ein Kind geboren, Jesus unser Heiland. Er ist die Frucht des Leibes der Maria.
Maria, wir grüßen dich und Jesus, dein Kind:

M.: Kett

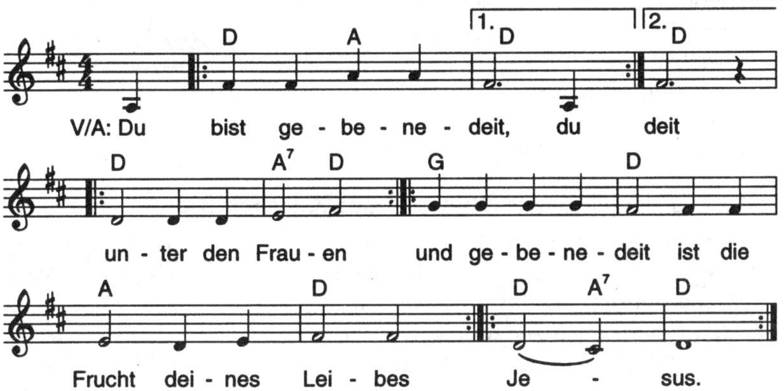

## WIR SCHMÜCKEN DEN BAUM MIT BLÜTEN

Zum Barbaratag, am 4. Dezember, ist es Brauch, Zweige von Kirsch- und Apfelbäumen ins Haus zu holen. Was die Kälte draußen verhindert, die Wärme im Haus ermöglicht es. Die Zweige schlagen aus, erblühen. Sie werden zum weihnachtlichen Schmuck, zur Botschaft und Verheißung des neuen Lebens.
Für die folgende Anschauung brauchen wir Zweige, aufgeblühte und verschlossene, dazu künstliche Blüten, die aus entsprechendem Papier erstellt sind und womit wir dann den Christbaum schmücken.

### Wir versammeln uns

Die Versammlung um den nun schon reich geschmückten Christbaum geschieht nach der Weise der vorausgegangenen Feiern.

### Wir schauen Zweige von Apfel-, Kirschbaum an

- Während die Kinder die Augen schließen, wird in den Kreis ein Krug mit entsprechenden Zweigen gestellt, von denen einige noch verschlossen, andere bereits aufgeblüht sind. Auf einen Cymbelton hin öffnen wir die Augen und schauen, was in den Kreis gekommen ist.

- Ein Zweig mit verschlossenen Knospen wandert im Kreis. Einer mit bereits offenen Blüten folgt. Beide werden nach ihrem Weg wieder in den Krug zurückgegeben.
  Dazu Liedruf:
  Von einem zum andern die Blüte soll wandern (siehe Heft S. 17).
- Eine Cymbel lädt ein, sie anzuschlagen, zu den Zweigen in der Kreismitte zu gehen und ihnen etwas zu sagen:
  z.B. Du bist ohne Blätter.
  Du bist aufgeblüht.
  Du bist verschlossen, usw.

### Wir spielen das Verschlossen-Offensein der Knospen-Blüten

- Wir zeigen mit den Händen eine verschlossene Knospe. Wir überlegen, daß sie einen ganzen Winter zu ist. Wie ist das, wenn wir unsere Hände einen ganzen Winter so verschließen müßten? Es kostet viel Kraft.

❍ Wir schließen die Augen und stellen uns vor, wie in unserer Knospe (Hände) eine Blüte verborgen ist – Leben.
Eventuell Liedvers, von der Erzieherin als Vorstellungsimpuls gesungen:

T. u. M.: H.Neubauer

2. Wenn ich die Augen schließe kann ich das Wunder sehn,
ist eine Apfelblüte, ganz wunderbar und schön.

❍ Vielleicht können wir auch in unserer Vorstellungs-Einbildungskraft hören, was die Blüte in der Verschlossenheit uns sagen möchte:
Ich möchte heraus.
Ich möchte blühen.
Ich brauche Wärme, usw.

❍ Der/die Erzieher(in) geht von Kind zu Kind und weckt die Blüte durch Berührung und Worte wie:
Blühe auf! Komm heraus! Tu dich auf!
Die Kinder spielen mit den Händen das Erblühen der Knospe.
Das Spiel einer verschlossenen und sich öffnenden Knospe kann als Spiel mit dem ganzen Leib wiederholt werden.

## Wir gestalten einen Blütenkranz

❍ Kinder erhalten weiße und rosarote Chiffontücher. Sie umschließen sie ganz mit ihren Händen. Zu leisem Glockenspiel darf ein Kind nach dem anderen seine „Knospe“ öffnen, seine „Blüte“ erblühen lassen.

❍ Die Kinder legen ihre Blüten vor ihrem Stuhl ab. Sie umstalten sie mit grünen Blättern aus Filz oder Tonpapier.

❍ Schließlich verbinden wir unsere einzelnen Blüten durch weitere Filz-Tonpapierblätter zu einer Kette, einem Kranz.

❍ Entsprechend den verbundenen Blüten verbinden wir uns mit den Händen und singen:

T. u. M.: Kett

**<u>Wir hören in einer Geschichte, wie die Erde mitten im Winter zu grünen, zu blühen beginnt</u>**

Erzählung:

Wir erinnern uns, Maria besucht ihre Verwandte Elisabeth. Maria trägt das Jesuskind in ihrem Leib, Elisabeth das Kind, das einmal Johannes heißen wird. Sie warten und hoffen, daß ihre Kinder gesund geboren werden. Elisabeth hat sich über den Besuch der Maria sehr gefreut. Sie hat sie umarmt und gegrüßt:

Du bist gebenedeit unter den Frauen und gebenedeit ist die Frucht deines Leibes, Jesus.

Maria hat wohl der Elisabeth bei der Geburt ihres Kindes geholfen. Damals wurden die Kinder zu Hause auf die Welt gebracht. Nachbarn, Verwandte halfen bei der Geburt. Die Nabelschnur muß durchschnitten werden, das Kind gebadet werden. Die Mutter, die das Kind geboren hat, ist noch schwach. Sie braucht Hilfe. Maria tut dies alles, dann geht sie wieder heim. Bald wird auch ihr Kind, Jesus, geboren werden.

Maria ist voller Freude. Der Weg ist weit, kahl sind die Bäume, Sträucher, vertrocknet das Gras. Doch – so wird erzählt – wie Maria des Weges kommt mit ihrem Kind im Leib, fängt alles zu leben an. Die Sträucher, Bäume schlagen aus und blühen. Die Dornen bekommen Rosen. Das Gras wächst. Die Vögel singen. Alles fängt zu grünen an.

Eventuell Liedvers:

T. u. M.: Kett

## Wir schmücken unseren grünen Baum mit Blüten

❍ Aus einem Körbchen erhält jedes Kind eine der verfertigten Blüten. Wir suchen für sie Platz am Baum, hängen sie an die grünen Zweige.

❍ Wir begleiten dieses Schmücken mit dem Lied: „Grün, grün" oder:

T. u. M.: H.Neubauer

## Gebet

Guter Gott!
Wir warten auf Jesus. Wir freuen uns auf ihn. Wenn er kommt, wird grün werden, blühen, was kahl ist, vertrocknet, starr, verschlossen.
Es soll die Freude erblühen, die Liebe, der Friede in jedes Menschen Herzen, auf der ganzen Welt.
Ja, schicke uns Jesus. Er soll kommen, damit die Erde neu wird.

Lied:

T. u. M.: Kett

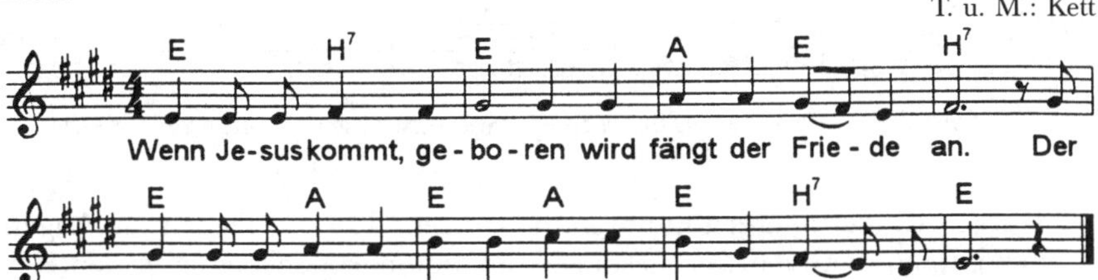

# WIR SCHMÜCKEN DEN BAUM MIT LEBKUCHENHERZEN

Nach altem Brauch behängen wir unseren Christbaum mit Backwerk. So haben wir mit den Kindern im Lauf der Adventszeit Lebkuchenherzen gebacken, sie mit Zuckerguß und Bändern versehen. In einer Feier wollen wir den Baum damit schmücken.

**Wir versammeln uns**

Es geschieht ähnlich wie bei den vorausgegangenen Anschauungen (Zapfen, Apfel, Blüte).

**In einem Herzen Platz haben**

- ❍ Ein Kind wird gebeten, sich in der Nähe unseres Christbaumes bzw. in der Kreismitte abzusetzen und die Augen zu schließen.
- ❍ Der/die Erzieher(in) und einige Kinder gestalten mit Seilen oder roten Rhythmiktüchern um das Kind in der Mitte ein Herz.
- ❍ Auf ein Klangzeichen öffnet das Kind die Augen. Es schaut und spricht aus, wo es sich befindet – in einem Herzen.
  Das Kind bekommt den Impuls, nachzudenken, wer es ganz besonders mag, in welchem Herzen es Platz hat... (Die Eltern werden wohl genannt werden, ein ganz besonders lieber Mensch).

Liedvers:

T. u. M.: Kett

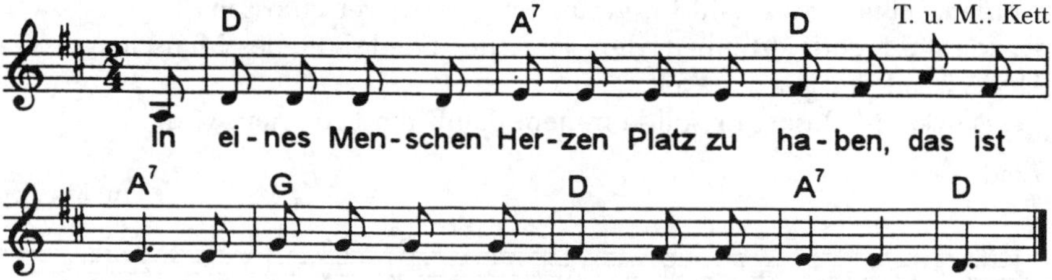


- ❍ Weitere Kinder nehmen in unserem „Herzen" Platz, schließen die Augen, bekommen den Liedruf zugesungen, können nachdenken, in wessen Herzen sie Platz haben, wer sie besonders gern hat.

## Ein Herz empfangen

- ❍ Wir spüren unserem eigenen Herzen nach, indem wir unsere Hände aufs Herz legen. Das Herz schlägt in unserer Brust – unaufhörlich. Wir merken es kaum, wenn es nicht laut pocht aus Aufregung, Angst oder Freude.
  Solange unser Herz schlägt leben wir.

- ❍ Unsere Hände, die wir auf unserem Herzen halten, öffnen wir vor uns. Wir lassen uns ein anderes Herz in die Hände legen. Die Erzieherin legt jedem Kind ein Lebkuchenherz hinein.
- ❍ Wir überlegen, was uns das Lebkuchenherz sagen möchte. Dabei mischen sich die Antworten der Kinder und die Deutung durch den Erzieher:
  Ich schmecke gut.
  Ich bin süß.
  Vielleicht sagt es auch: Ich bin ein Zeichen.
  Häng mich an den Christbaum!
  Gott hat dich – mich – jeden von uns lieb.
  Er hat ein Herz für uns.
  Sein Herz schlägt für uns.
  Er meint es von Herzen gut.
  Er schickt uns Jesus.
  Das Kind wächst unter dem Herzen seiner Mutter Maria.
  Jesus wird einmal sagen: Ich bin das Brot des Lebens.

## Wir schmücken den Christbaum mit unseren Herzen

- ❍ Unser Herz freut sich, daß Gott ein Herz für uns hat, daß er uns Jesus schickt. So schmücken wir mit Herzen unseren Christbaum.

T. u. M.: H.Neubauer

**Wir öffnen im Gebet unsere Herzen**

❍ Wir führen unsere Hände nochmals zu unseren Herzen, spüren sie vielleicht. So wie man Türe, Tore öffnet, kann man ein Herz aufmachen.
Über unsere Arme, Hände öffnen wir unsere Herzen und rufen:

T. u. M.: H.Neubauer

Jesus, komm! Wir warten auf dich. Bring Gottes Frieden in die Welt!
„Öffnet die Tore weit..."
Jesus, komm! Wir warten auf dich. Bring Gottes Liebe in die Welt!
„Öffnet die Tore weit..."
Jesus, komm!Wir warten auf dich. Bring Gottes Leben in die Welt.
„Öffnet die Tore weit..."

---

(Nachtrag zur Einheit: Blüte, Heft S. 22–25)

BLÜTEN-SCHMUCK AUS METALLFOLIE

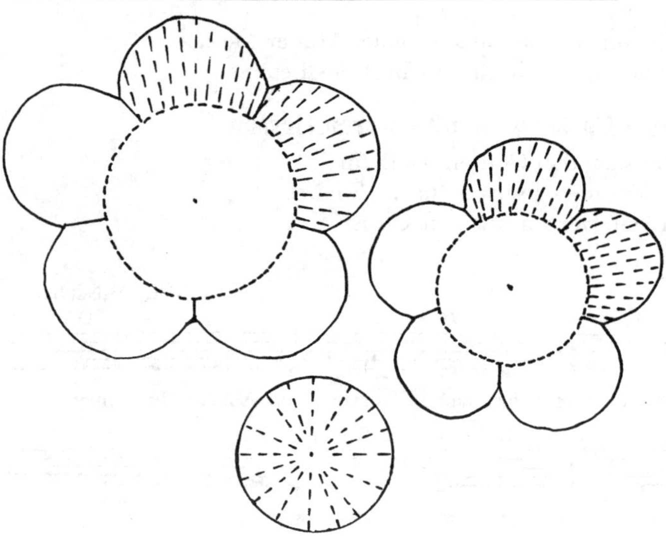

Schablonen anfertigen – auf dünne Goldfolie legen – nachfahren, ausschneiden
gestrichelte Linien eindrücken
Teile ineinander-legen, mit Perle und dünnem Draht verbinden.

# UNSER BAUM ALS PARADIESESBAUM

Der Baum, zum Weihnachtsbaum geschmückt, steht im Raum. Wir sind in Erwartung des Festes der Geburt unseres Heilandes und Erlösers. Wir können jedoch nochmals innehalten und die Aufmerksamkeit zurücklenken auf eine Erzählung, die wir mythisch nennen und die vom Schuldigwerden der Menschen erzählt, vom Verlust der Einheit und Ganzheit mit der Schöpfung und dem Schöpfer, eines Zustandes, den wir mit dem Bild des Paradieses beschreiben.
Es sei dabei auf die Hefte 1986-3 und 1994-4 der RPP verwiesen, in denen diese Thematik bereits zur Sprache kam. Aus letzterem wurde ein Teil in folgende Einheit übernommen.

**Wir versammeln uns um den geschmückten Baum**

❍ Wir begrüßen uns mit den uns vertrauten Liedern.
Wir begrüßen auch den Baum in unserer Mitte:
„Wir freuen uns du bist jetzt da
so schön geschmückt und wunderbar." (siehe Heft S.14)

**Wir suchen für unseren Baum viele Namen**

❍ Wir betrachten den Baum ganz bewußt, schließen dann unsere Augen.
Können wir ihn sehen, in uns?
Können wir von ihm träumen,
seiner Farbe, seinem Schmuck, grün – golden – rot – weiß?
Weiß ich noch, wo ich ihn geschmückt habe?
Wir nennen ihn Weihnachtsbaum.
Kann ich einen ganz neuen Namen für ihn finden?

❍ Wer von den Kindern einen neuen Namen weiß, sagt ihn der Erzieherin ins Ohr.
Ein Geheimnis mitteilen ist schön und außerdem ist gewährleistet, daß die Kinder eigenständig reden und nicht nachplappern. Vielleicht kommen Namen wie Apfelbaum, Zapfenbaum, Goldbaum, Blütenbaum, usw.
Die Erzieherin fügt als neuen Namen dazu: Paradiesesbaum und frägt die Kinder, ob sie den Namen Paradies schon einmal gehört haben.

**Wir hören vom Paradies und gestalten es im Bild**

❍ Die Erzieherin stellt in ihrer Erzählung den Baum in einen Garten, wo Tausende von schönen Blumen blühen, in dem es viele Sträucher und Bäume gibt, die grünen, blühen und zugleich Frucht tragen, Früchte aller Art.
Sie erzählt von den Tieren im Garten, von Hase, Reh und Igel; von den Vögeln, die bei Tag und Nacht singen; von Wolf und Schaf, von Löwe und Kuh, die nebeneinander leben und sich nichts zu leide tun.

In der Mitte des Gartens steht aber ein besonders schöner Baum. Mittebaum können wir ihn nennen, Baum des Lebens, Gottes Baum, weil Gott sagt: „Er gehört mir."
Er hat auch den Namen „Baum der Erkenntnis von Gut und Bös".
Der wunderschöne Garten aber heißt Paradies.

❍ Die Kinder gestalten den Garten, indem sie rund um den Weihnachts- Paradiesesbaum mit grünen Rhythmiktüchern und entsprechendem Legematerial eine Blumenwiese ausbreiten.
Tiere, wie die oben genannten, vor allem aber viele Schafe bekommen darin Platz.

**Der Garten wird verschlossen**

❍ Die Erzieherin läßt Kinder den Garten mit Rhythmiktüchern umschließen. Dunkle Farben (schwarz, violett, grau) sind dazu nötig.

❍ Das Bild gibt sicher zu vielen Fragen und Vermutungen von Seiten der Kinder Anlaß.

**Erzählung**

Da war, so wird in einer alten Geschichte erzählt, ein wunderschöner Garten, Paradies wurde er genannt. Gott hat ihn bereitet für Tier und Mensch. Alle Lebewesen sollten sich darin wohlfühlen und glücklich sein.
In der Mitte des Gartens aber stand ein besonderer Baum. Wir kennen schon seinen Namen: Baum des Lebens, Gottes Baum, Baum der Erkenntnis von Gut und Bös.
Gott sprach zu den Menschen: Ich gebe euch meinen Garten. Hütet ihn! Bewahrt ihn! Genießt die Früchte! Von allem dürft ihr pflücken und essen, allein vom Baum des Lebens nicht. Er ist mein Baum. Wenn ihr davon eßt, müßt ihr sterben.
Die Menschen lebten glücklich in dem Garten. Sie hatten weder Sorgen noch Mühen.
Eines Tages aber schlich sich die Schlange der Versuchung und der Gier ins Herz der Menschen und sprach: Warum eßt ihr nicht vom Baum in der Mitte? Wenn ihr davon kostet, gehen euch die Augen auf und ihr werdet sein wie Gott.
Die Menschen wollten sein wie Gott. Sie vergaßen Gottes Gebot. Sie nahmen vom Baum des Lebens und aßen und es gingen ihnen die Augen auf und sie sahen, daß sie nicht Gott waren. Sie erkannten, daß sie nackt waren. Und sie fürchteten sich vor Gott. Sie versteckten sich vor ihm. Sie mußten aus dem Garten hinaus. Sie konnten nicht mehr mit Gott leben. Der Garten wurde verschlossen.

Die Menschen waren traurig. Sie hatten so viel verloren, den Garten, die Freundschaft mit Gott, den Frieden. „Dunkel wurde die Erde, das Leben schwer, mühevoll die Arbeit."

**Wir legen für das Leid, die Not der Menschen in unserem Bild Zeichen**

❍ Als Material wird bereitgestellt: Steine, Dornzweige, welke Blumen.
Wir denken daran, was schwer ist, was Menschen, Kinder traurig macht.
Vielleicht ist jemand krank, Kinder hungern...
Wer etwas weiß, an etwas denkt, legt von diesen Dingen etwas auf die dunkle Mauer.

**Denn verschlossen war das Tor, bis ein Heiland trat hervor**

Im Herzen haben wir einen Traum. Wir träumen vom Paradies.
Wie schön muß es sein, bei Gott zu leben?
Wie schön muß es sein, wenn wir uns verstehen?
Wie schön muß es sein, wenn Frieden ist und kein Streit?
Wie schön muß es sein, wenn niemand hungert?
Ist alles nur ein Traum?
Da kommt einer, der sagt:
Ich öffne euch die Tür ins Paradies.
Ich bin die Tür ins Leben.
Jesus ist es, der das sagt.
Bald feiern wir seine Geburt.
Wir rufen:
Ja, komm Herr Jesus!
Öffne das Tor!
Schenk uns das Leben.

T. u. M.: H. Neubauer

## UNSER BAUM ALS LICHTERBAUM – CHRISTBAUM

Das Eigentliche eines Weihnachts-Christbaumes ist sein Lichterglanz. In zahlreichen Gärten und auf Balkonen erstrahlen zur Advents- und Weihnachtszeit Abend für Abend lichtergeschmückte Bäume. Rathausplätze werden von mächtigen, mit Hunderten von elektrischen Kerzen bestückten Christbäumen geschmückt. Der Lichterglanz entspricht der Sehnsucht des Menschen zu einer Zeit, in der Dunkelheit, Nacht dominieren und man darauf wartet, daß die Nächte kürzer, die Tage länger, das Licht der Sonne stärker werden.
Während Lichterbäume und Lichterketten den ganzen Advent hindurch reklamewirksam strahlen, ist das Entzünden der Kerzen am häuslichen Weihnachtsbaum gottlob meist noch dem Heiligen Abend vorbehalten. Mit diesem Ritual wird die Familienfeier eröffnet. Doch da stellt sich uns auch schon die Frage, greifen wir dieser häuslichen Feier nicht vor, wenn wir, Tage vor Weihnachten im Kindergarten unsere Betrachtung des Christbaums mit dem Entzünden seiner Lichter abschließen?
Wir können es wohl verantworten, wenn der Baum zum Thema für eine ganze Adventszeit wird und wir ihn über eine traditionelle häusliche Weihnachtsdekoration hinaus als Zeichen des neuen Lebens deuten, das uns in Jesus geschenkt wird. So haben wir es bereits bei seinem Schmuck, Zapfen, Äpfeln, Blüten, Lebkuchen versucht. Indem wir nun den dunklen Raum mit dem Licht des Christbaumes erfüllen, nehmen wir zeichenhaft den in unserer Mitte auf, von dem der hl. Evangelist Johannes bekundet:
In ihm war das Leben
und das Leben war das Licht der Menschen.
Und das Licht leuchtete in der Finsternis
und die Finsternis hat es nicht erfaßt (Joh. 1/4–5).
Allen aber, die ihn aufnahmen,
gab er Macht, Kinder Gottes zu werden (Joh. 1–12).

### Vorbereitung der Feier

Unsere, die adventlichen Erfahrungen abschließende und zusammenfassende weihnachtliche Feier bedarf einiger Vorbereitungen.
So wird der Christbaum mit Wachskerzen versehen. Eine große Kerze, die wir später Jesuskerze heißen wollen, wird bereit gestellt. Vielleicht haben wir sie mit einer Krippe und dem Jesuskind darin verziert. Für die Kinder sind Teelichter, eventuell in einem Glasgefäß, bereitet. Etwas Stroh steht zur Verfügung, dazu ein weißes Tüchlein, ferner Maria und Josef als tragbare Stabpuppen, bzw. Krippenfiguren. Im Paradiesesgarten ist aus braunen Rhythmiktüchern oder mit einem Wurzelstock eine Krippenhöhle bereitet. Das kostbare Behältnis mit dem Jesuskind darf nicht vergessen werden. Schließlich sind für das anschließende Mahl Tische mit roten Bändern, Blüten, grünen Zweigen geschmückt. Äpfel und Lebkuchen stehen

bereit. Als Getränk gibt es, was die Kinder lieben. Weihnachtliche Musik soll nicht fehlen.

**Wir versammeln uns**

❍ Wir versammeln uns um unseren Paradiesesbaum.
Der Garten des Paradieses ist mit dunklen Tüchern umschlossen. Darauf liegen Steine, Dornzweige, die uns an Menschen-Kinder in Not erinnern.

❍ Wir singen:

T. u. M.: H.Neubauer

**Zwei Menschen ziehn in dunkler Nacht hinauf nach Bethlehem**

❍ Erzählung
Es ist dunkle Nacht. Zwei Menschen sind unterwegs, eine Frau, ein Mann. Ihr kennt die Frau, wohl auch den Mann. Maria und Josef heißen sie.
Die Frau ist guter Hoffnung. Sie erwartet ein Kind. In dieser Nacht soll es geboren werden, das Licht der Welt erblicken, aber wo? Unterwegs, auf der Straße?
Maria und Josef brauchen ein Haus, ein Dach über dem Kopf, eine Herberge für sich und das Kind. Ob sie etwas finden?

❍ Herbergssuche und das Ankommen in einem Stall können erzählt, aber auch in einem Spiellied besungen werden.
Zwei Kinder tragen dabei, dem Text entsprechend Stabfiguren um den Paradiesesgarten, um sie schließlich bei der Krippenhöhle abzustellen.

❍ Wir legen, wie im Lied erzählt, Stroh in den Stall und berichten von Tieren in dem Stall, dem Ochsen, einem Esel, Schafen.
Kinder tragen entsprechende Figuren zum Stall.

T. u. M.: Kett

2. Der Weg ist weit, der Weg ist schwer. Es geht ein kalter Wind.
   Der Mann, die Frau, sie suchen Quartier für sich und für ihr Kind.
3. Verschlossen bleiben in der Stadt die Türen, die Herzen all,
   der Mann, die Frau, sie kehren um, zieh'n fort zu einem Stall.
4. In diesem Stall ist für sie Platz auf warmen Heu und Stroh.
   Der Mann, die Frau, sie ruhen aus. Sie sind im Herzen froh.
5. In dunkler Nacht, in diesem Stall wird bald geboren sein:
   Der Herr und Heiland Jesus Christ als Kind ganz arm und klein.

## Die Geburt des Kindes

❍ Erzählung

So haben Maria und Josef Platz gefunden, nicht in einem Haus, sondern in einem Stall. Heu und Stroh waren das Bett, und Tiere, Ochs, Esel, Schafe wärmten mit ihrem Atem.

In der Mitte der Nacht aber, um Mitternacht sollte das Kind geboren werden, Jesus, unser Heiland. So ist aufgeschrieben:

„Maria gebar ihren erstgeborenen Sohn, wickelte ihn in Windeln und legte ihn in eine Krippe – denn in der Herberge hatten sie keinen Platz gefunden." (Lk. 2, 7).

❍ Das Jesuskind wird behutsam dem Behältnis entnommen, in ein weißes Linnentuch gewickelt, in die Krippe gelegt.

## Mit Jesus kommt das Licht zu uns, Amen. Alleluja

❍ Die Jesuskerze wird entzündet.

❍ Deutung:
Maria und Josef sind voller Freude. Mit Liebe schauen sie auf ihr Kind. Sie wiegen es. Sie sagen dem Kind:
Kind, du machst unser Leben hell.
Kind, du bist unser Sonnenschein.
Kind du bist unser Augenstern.

❍ Während die Jesuskerze im Kreis von Kind zu Kind weitergegeben wird, um schließlich bei der Krippe abgestellt zu werden, singen wir:

T. u. M.: Kett

oder:

T. u. M.: Kett

❍ Von der Jesuskerze werden nun die Lichter des Christbaumes entzündet.
<u>Deutung:</u>
Das Kind, Jesus, ist Licht vom Lichte. Es scheint in die Dunkelheit, will sie erhellen. Dazu wird immer wieder einer der oben genannten Rufe gesungen.

❍ Kinder erhalten Teelichter, die an der Jesuskerze entzündet wurden.
Singend gehen sie damit durch den Raum, um ihn zu erhellen und mit Licht zu erfüllen.

❍ Die Kinder stellen ihre Lichter in die dunkle Umschließung des Paradiesesgartens.

Deutung:
Jesus will vor allem Licht bringen, wo es finster ist.
Wo Krieg ist, soll Friede sein.
Wo Hunger ist, soll Brot geteilt werden.
Wo Streit ist, soll Versöhnung sein.
Wo Trauer ist, soll Freude aufkommen.
Die Blinden sollen sehen.
Die Tauben sollen hören.
Die Stummen sollen reden.
Die Lahmen sollen springen.
Die Toten sollen auferstehn und leben.
Die Erde soll neu werden
zu einem Garten des Lebens,
zu einer neuen Erde,
zum Paradiesesgarten.
Gottes Reich soll auf die Erde kommen
und überall sich ausbreiten.

**Wir danken Jesus, dem Licht der Welt**

T. u. M.: Kett

**Wir halten Mahl**

Gott, das Leben, in Jesus unter uns erschienen, will durch alle Sinne erfahren werden. „Brot vom Himmel hast du uns gegeben, das alle Süßigkeit in sich enthält.“
Leben gebende und Leben erhaltene Speise, das Leben selbst wird uns in dem göttlichen Kind geschenkt. So setzen wir uns, Kinder, Erwachsene an den festlich gedeckten Tisch und verkosten Lebkuchen – Äpfel – Saft. Weihnachten ist eine köstliche Zeit.

# KREUZESBAUM – LEBENSBAUM

Das Kreuzsymbol ziert in manigfacher Darstellung die Titelseiten der Religionspädagogischen Praxis. Seiner Erschließung als Lebenszeichen widmen sich insbesondere die Hefte 1981-1, 1991-2.
Im folgenden Beitrag wollen wir erneut die Kreuzgestalt als grundlegende Lebensgestalt schauen und sie Kinder entdecken lassen und zwar in Verbindung mit dem Baum. Mensch und Baum gleichen sich in der Gestalt. Sie suchen das Leben hinein in die Tiefe und Höhe und in die Weite. In beiden, Mensch und Baum, ist die Gestalt des Kreuzes angelegt, die Einheit von vertikaler und horizontaler Ausrichtung.
Diese mehr anthropologische Sicht vertiefen wir, indem wir auf das Kreuz unseres Herrn Jesus schauen. Bevor er den Tod am Kreuz gestorben ist, hat er das Kreuz oder im Kreuz gelebt, in Einheit mit Gott dem Vater, in Solidarität mit den Menschen, vor allem den Armen, Schwachen, Ausgestoßenen, Sündern. Sein Sterben am Kreuz verifiziert gleichsam sein Leben. Ans Kreuz geheftet, wird seine Lebensmitte geöffnet, sichtbar, das Herz, Zeichen für lebensschaffende, zum Leben befreiende Kraft schlechthin, die Liebe. Der Baum des Kreuzes wird zum Lebensbaum.

## Wir erschauen unsere Gestalt als Kreuzesgestalt

- ❍ Wir versammeln uns im Kreis und suchen die Mitte des Kreises mit den Augen.
- ❍ Ein Kind wird gebeten, in die Mitte zu treten, die Augen zu schließen. Es wird über es ein goldener Reifen von oben nach unten gelegt. Auf eine Berührung oder einen leisen Ton auf der Cymbel bzw. Triangel hin öffnet das Kind seine Augen.
- ❍ Der/die Erzieher(in) führt das Kind in eine Baum-Kreuzgestalt.
  „Du stehst in unserer Mitte.
  Wir können dich sehen in deiner ganzen Länge,
  von unten bis oben, von den Füßen bis zum Kopf.
  Mit den Füßen stehst du fest auf dem Boden,
  wie ein Baum, der verwurzelt ist.
  Deine Arme kannst du nach oben recken,
  über den Kopf hinaus – zum Himmel
  wie der Baum seine Krone, seinen Wipfel.
  Du stehst, du lebst zwischen oben und unten,
  zwischen Himmel und Erde.

Wie breit und weit lebst du?
Kannst du es zeigen – mit den Armen?
Denk an einen Baum,
aus dessen Stamm Äste wachsen,
ganz weit zur Seite – nach oben,
eine weite und breite Krone.

Ausgestreckt nach oben hörst du jetzt ein Zeichen. Bei jedem Ton auf der Triangel geh mit deinen Armen ein bißchen nach unten, bis sie an deinem Körper ankommen.

Kannst du deine Arme nochmals ausstrecken, dahin, wo sie am weitesten waren? So lebst du auf der Erde, ganz weit, wie wenn du alles berühren, anfassen, an die Hand nehmen wolltest."

❍ Wir singen dem Kind in dieser seiner Haltung zu:

T. u. M.: Kett

❍ Das Kind in der Mitte führt ein anderes Kind an seine Stelle. Das Spiel, der Zuruf wiederholen sich.
Ist die Gruppe groß, werden nach einigen Wiederholungen alle Kinder zugleich in die Kreuzeshaltung geholt. Der Zuruf gilt uns dann allen.
Über diese Übung wird dem Kind sein Lebensraum bewußt, ein Lebensraum der sich in vier Dimensionen entfaltet, weitet. So darf es, soll es leben. So wird es angesehen, akzeptiert, wertgeschätzt. Das Körperkreuz wird als Sinnzeichen für Dasein, Leben, Lebensentwicklung erfahren.

**Wir kennzeichnen unsere Gestalt als Kreuzgestalt**

Was wir im Stehen vollzogen haben, wollen wir nun am Boden liegend wiederholen.

❍ Ein Kind wird in die Mitte gebeten, um sich im goldenen Reifen abzulegen. Kopf und Füße werden über den Reifenrand hinausschauen. Die Erzieherin lädt das Kind ein, seine Arme hoch über sich hinauszustrecken, seine ganze Größe zu zeigen und dann die

Arme Stück für Stück nach unten zu führen, um dann in der „Seitung“ zu verweilen. Dieses Hinabführen der Arme kann wiederum durch das Anschlagen einer Triangel oder des Glockenspiels begleitet werden. Wir können dabei erzählend an die Gestalt des Baumes erinnern, der viele Äste hat und sich weitet.

❍ Mit acht Seilen kennzeichnen wir die Gestalt des liegenden Kindes. Dabei dürfen jeweils zwei Kinder zusammen ein Seil legen. Die Seile sollen nicht körpernah, sondern großzügig, mit gleichem Abstand gelegt werden.

❍ Das Kind steht auf und wir schauen seine Gestalt am Boden an. An was erinnert es uns? Wegkreuzung, vier Himmelsrichtungen, Kreuz, Baum.
Wir erkennen: Das Kreuz ist in uns. Wir haben eine Kreuzgestalt. Wir leben in alle vier Himmelsrichtungen. Wir haben eine Baumgestalt.
Mensch – Baum und Kreuz sind sich ähnlich.

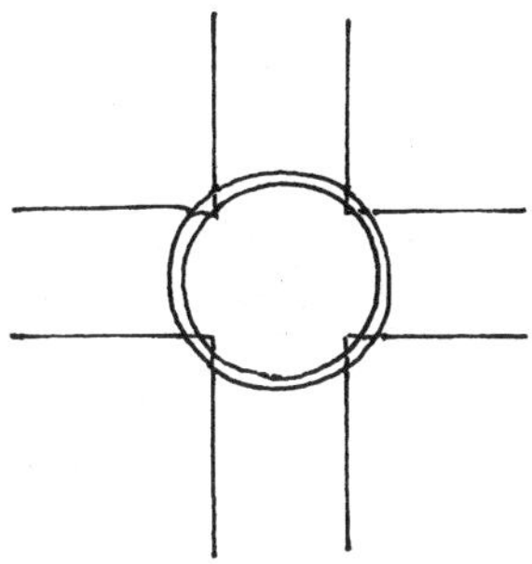

**Wir schmücken die Kreuzgestalt**

Jeder Mensch trägt das Kreuz in sich, als Körperkreuz. Es ist unsere Gestalt. Es meint uns ganz und gar, unser ganzes Leben. Es ist ein ganz wertvolles, kostbares Zeichen. Wir wollen es schmücken und damit eigentlich jeden von uns selbst.

❍ Der/die Erzieher(in) überlegt mit den Kindern, welche Materialien zu verwenden sind, wie das Kreuz am Boden geschmückt werden soll. Wenn Goldteile – Edelsteine zum Gestaltungsmaterial gehören, werden es Kinder sicher nennen.
Das Gestalten geschieht zu leiser Musik. Eine meditative Atmosphäre wird gewährleistet, wenn jeweils vier Kinder mit einer begrenzten Anzahl von Legeteilen das Kreuz schmücken.

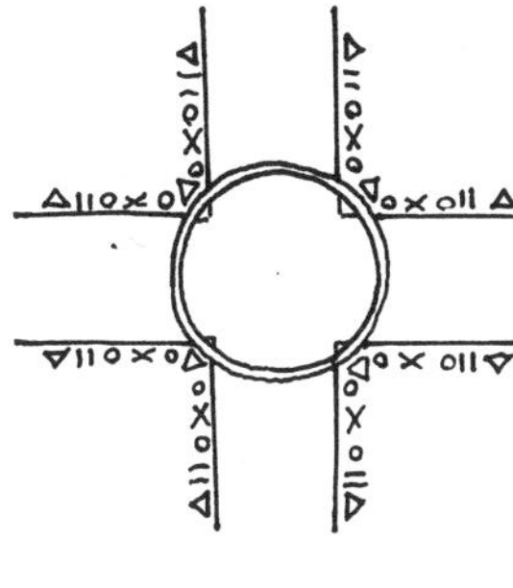

**Wir entdecken und verehren das Kreuz Jesu**

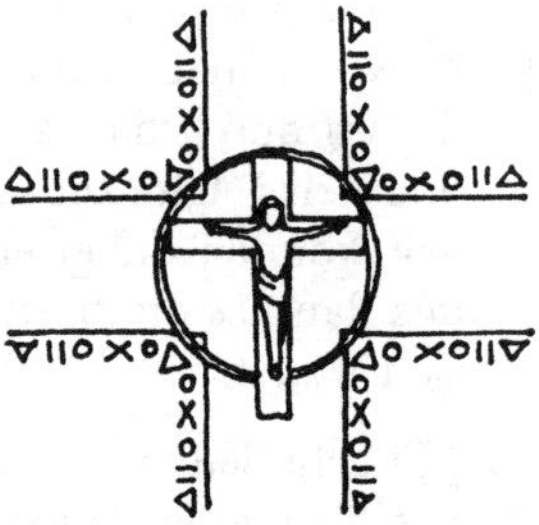

- ❍ Der/die Erzieher(in) verweist darauf, daß im Gruppenraum noch ein Kreuz ist. Er/Sie nimmt es bewußt und behutsam von der Wand, übergibt es einem Kind, das es einmal im Kreis tragen darf.
- ❍ Wir wollen das Kreuz Jesu dahinein legen, wo wir selbst gestanden, ein Kind auch gelegen ist – in die Mitte, in den goldenen Reifen.

  Zwei Kinder legen den Reifen (grün) aus.
- ❍ Das Kreuz wird behutsam in den Reifen gegeben.
- ❍ Deutende Erzählung

  Jesus, Gottes Sohn ist Mensch geworden. Er hat gelebt wie wir – zwischen Himmel und Erde, zwischen Erde und Himmel. Er hat ganz weit gelebt – so weit seine Arme reichten. Er hat seine Arme ausgestreckt zu den Menschen – die Menschen bei der Hand genommen, ihnen gesagt und gezeigt: „Ich hab euch gern! Ich mag euch! Ich möchte euch den Weg zum Leben zeigen – zu einem Leben, das groß und weit ist. Die ganze Größe und Weite Gottes, des Vaters möchte ich euch bringen." Jesus hat das getan bis zuletzt, bis zu seinem Tod am Kreuz. Er hängt zwischen Himmel und Erde. Er möchte Himmel und Erde verbinden – Gott und Mensch. Jesus breitet die Arme weit aus. Er möchte allen Menschen seine Liebe schenken, die Liebe die aus dem Herzen kommt und die alles gut macht.

**Gebet**

1. Möglichkeit

Die Kinder werden angeleitet, die Hände aufs Herz zu legen. Wir spüren nach, wie unser Herz schlägt, hören, daß im Herzen die Liebe wohnt, aus dem Herzen die Liebe kommt; daß das Herz von Jesus voller Liebe war. So können wir beten.

| | |
|---|---|
| Jesus, | |
| deine Liebe ist so wunderbar, | |
| so wunderbar groß. | – Hände vom Herzen wegführen und einen Kreis beschreiben |
| So groß, was kann höher sein. | – Hände nach oben führen |
| So tief, was kann tiefer sein. | – in die Knie gehen, Hände nach unten führen |
| So weit, was kann weiter sein. | – wieder stehen und Hände seiten |
| So wunderbar groß. | – Kreis beschreiben |

Nach der Melodie „Gottes Liebe ist so wunderbar" können wir auch singen: „Deine Liebe ist so wunderbar..."

2. Möglichkeit (für größere Kinder)

Guter Gott,
Jesus, dein Sohn hat uns gezeigt, wie groß und reich das Leben sein kann – wenn wir die Hände zu dir, dem Vater im Himmel und zu den Menschen neben uns ausstrecken.
Wir sind dann wie ein Kreuz – wir sind dann ganze Menschen.
Hilf uns, daß wir so leben können und das Kreuz uns zu einem Lebens- und Segenszeichen wird.
So segne uns, du guter und treuer Gott.
Im Namen des Vaters und des Sohnes und des heiligen Geistes.
Amen.
(Wir bezeichnen uns mit dem großen Kreuzzeichen)

**Wir schauen im Kreuzesbaum den Lebensbaum**

Jesus ist am Kreuz gestorben. Er hat aber vielmehr das Kreuz gelebt. Darum ist das Holz des Kreuzesbaumes nicht dürr geblieben. Das Leben ist stärker als der Tod. Jesus ist auferstanden. Er lebt. Darum dürfen wir den Kreuzesbaum schmücken und aus ihm einen Lebensbaum machen.

❍ Wir haben kleine Äste und Wollfäden, Seile vorbereitet. Die Kinder schmücken den oberen Teil des Kreuzes als Baumkrone, gestalten den unteren Teil als Wurzeln aus. Mit grünen Filzblättern lassen sie den Baum ergrünen.

T. u. M.: Kett

2. Baum des Kreuzes, du wirst grün. Baum des Kreuzes, du wirst blüh'n. Unser Herr wird Sieger sein und uns alle vom Tod befrei'n.
3. Baum des Kreuzes, du wirst grün. Baum des Kreuzes, du wirst blüh'n. Ja, der Tod wird überwunden, ja, der Tod, er wird bezwungen.
4. Baum des Kreuzes, du wirst grün. Baum des Kreuzes, du wirst blüh'n. Groß und stark ist unser Gott, er besiegt das Leid, den Tod.

# DER TRAUM DER DREI BÄUME

Nach dem gleichnamigen Bilderbuch von Angelika E. Hunt, erschienen im Brunnenverlag/ Gießen.
Idee zur folgenden Umsetzung, und Gestaltung und Lieder: Thomas Brunnhuber

## EINFÜHRUNG IN DIE GESCHICHTE

Neben der biblischen Botschaft gibt es zahlreiche Legenden und Geschichten, in denen etwas vom Leben Jesu eingefangen und dargestellt wird. Dabei werden Kernaussagen der biblischen Botschaft von ungewohnten und ungewöhnlichen Perspektiven aus gesehen und entfaltet. Obwohl diese Erzählungen märchen- und sagenhaft erscheinen, sind sie keine Märchen und Sagen im eigentlichen Sinn. Sie bringen uns Aspekte des historischen Jesus vor Augen, die durch die Einbettung in eine fiktive und interessante Rahmenhandlung neu und (be)treffend aufscheinen. Die vorliegende Geschichte „Der Traum der drei Bäume" gehört zur Gruppe dieser wahrhaft bewegenden Erzählungen.
Doch zunächst weist nichts auf einen biblischen Bezug hin. Es geht anfänglich um die Lebensträume von drei Bäumen. Im Kontakt zur Mitwelt wird in jedem Baum ein Wunschtraum wach, der sich einmal im Leben erfüllen soll. Es ist nicht irgend ein Traum, sondern der Traum, der ein ganzes Leben trägt. Träume haben uns Menschen schon immer fasziniert und beschäftigt, egal ob Nacht- oder Tagträume. Eine Frage wird in uns wach: „Was haben diese Träume mit meinem Leben zu tun? Wie ist das mit meinem Lebenstraum und seiner Erfüllung?"
Jeder Mensch malt sich in seinen Träumen, Wünschen und Visionen einen erstrebenswerten Zustand aus, egal ob in beruflichen, privaten oder partnerschaftlichen Belangen. Das Leben lehrt uns aber auch, daß dieses Ersehnte oftmals anders in Erfüllung geht, als es gedacht war. Über mein Leben bestimme ich nicht allein. Andere gestalten daran mit, ändern meine Pläne, durchkreuzen meine Wege. Letztlich wird es das Los eines jeden offenen Menschen sein: Ihm wird mitgespielt, an ihm wird gehandelt, er wird von verschiedenen Mächten, äußerer und innerer Art umgestaltet – so er dies mit sich geschehen läßt. Doch dem sensiblen Menschen entgeht trotz des Enttäuschtseins der grundlegende Zusammenhang zwischen Traum und Verwirklichung nicht.
Damit sich der Wunschtraum – in welcher Gestalt auch immer – verwirklichen kann, muß er wie ein roter Faden das Leben durchweben. Mein Lebenstraum erfüllt sich in diesem Sinne, wenn ich mich zutiefst daran halte, in meinem Herzen daran glaube, mich davon leiten lassen und darin meinen Wurzelgrund sehe. Wichtig scheint zu sein, daß dies in Leidenschaft und Gelassenheit zugleich vor sich geht, nicht verkrampft oder kleinkariert.

Auch die Geschichte Gottes mit den Menschen ereignet sich immer in dieser Spannung zwischen Wunsch, Verheißung und Erfüllung. Denken wir nur an die Lebenswege der Stammväter und -mütter Israels. Abraham könnte uns ein Lied davon singen ...

Jesus, der Gottes Sohn, war ebenso in dieses Lebensgesetz eingespannt. Der Traum Israels von einem Messias und Retter geht in Erfüllung, aber anders, ganz anders, als sich das die Juden damals gedacht hatten.

Jesus kommt nicht dort zur Welt, wo Edelsteine und Gold funkeln, sondern wo das ausgedroschene Stroh und das dürre Heu liegen. Er erobert nicht die Welt mit einer kriegerischen Königsflotte auf den Weltmeeren, sondern „nur" die Herzen derer, die in stürmischen Zeiten gebeutelt und verängstigt sind. Er versteinert seine göttliche Königsherrschaft nicht in einem unzerstörbaren, monumentalen und prächtigen Palast, sondern verbindet Himmel und Erde im Zeichen des Kreuzes.

Es besteht ein tiefer Zusammenhang zwischen der Traum-Baum-Geschichte und dem, was uns die Bibel von Jesus erzählt.

Die Träume der drei Bäume werden sich nicht so erfüllen, wie sie es sich gedacht haben. Aber sie werden sich erfüllen, eben ganz anders.

Die vorliegende Geschichte „Der Traum der Drei Bäume" birgt noch etwas in sich. Sie bringt uns die drei Grundgestalten, in denen wir Jesus, den Sohn Gottes, darstellen und verehren, in einen Zusammenhang. Es ist ein und derselbe Jesus, der als Kind in einem Stall geboren wird, der als Erwachsener wunderbare Taten vollbringt und der am Ende aufs Kreuz gelegt wird. Durch das Bodenbild, das im Verlauf des Erzählens entsteht, wird dies besonders deutlich: Krippe, Boot und Kreuz bilden eine Einheit, eine Lebenseinheit. Das Titelbild des Heftes versucht es, der Geschichte entsprechend, auch. Dadurch zeigt sich uns eine Grundwahrheit aus dem Leben Jesu, die der Evangelist Markus so beschreibt: „In jenen Tagen kam Jesus aus Nazaret in Galiläa und ließ sich von Johannes im Jordan taufen. Und als er aus dem Wasser stieg, sah er, daß der Himmel sich öffnete und der Geist wie eine Taube auf ihn herabkam. Und eine Stimme aus dem Himmel sprach: *Du bist mein geliebter Sohn, an dir habe ich Gefallen gefunden.*" *(Mk1, 9-11)*

Die hier niedergeschriebene Fassung von „Der Traum der drei Bäume" wurde oftmals in der Praxis erprobt und hat eine lange Entwicklungsgeschichte hinter sich. Am Anfang stand das persönliche Ergriffensein, das tiefe Bewegtsein, das mich veranlaßte, diese Erzählung zu gestalten. Bei jedem erneuten Erzählen rührt sie mich wieder an und macht mich und die am Geschehen Beteiligten nachdenklich, besinnlich. Wer sich diese Geschichte erschließt, wird sehr bald die Faszination merken, die von ihr ausgeht. Aus vielen Kindergärten in der Diözese Regensburg höre ich wirklich Erstaunliches von Groß und Klein...

Eine Reihe einfacher Lieder und Liedverse verdichten die Aussagen der Geschichte, prägen sie ein und schaffen eine Atmosphäre, die einem Betroffenwerden Raum schafft. Sie müssen freilich nicht alle gesungen werden. Wer sich im Singen schwer tut, wird durch anschauliches Erzählen durch Gestaltung des Bodenbildes, durch leibhaftes Mitvollziehen gleichfalls eine Tiefenwirkung erzielen. Das Arbeiten mit der Geschichte muß wohl als Projekt verstanden werden. Es ist dafür ein Zeitraum von mehreren Tagen, wenn nicht gar Wochen, anzusetzen.

Mein Freund Fritz Maier aus Runding-Raindorf (bei Cham in Bayern) hat sich mit hineinnehmen lassen in diese Geschichte. Aus intensiven Gesprächen heraus ist von seiner Seite aus eine Bildermappe entstanden, in der sich die Geschichte wie in einem Bilderbuch entfaltet und darstellt.

## VORÜBUNGEN

**Zum Miteinander kommen:**

❍ Wir singen zu Beginn evtl. das Lied *„Wir fangen jetzt an"*.

❍ Ein Ende eines langen Seiles (oder mehrere kurze Seile verknotet) wird von Hand zu Hand weitergegeben, bis alle Kinder miteinander verbunden sind. Das Tun könnte das Lied *„Es wandert das Seil"* begleiten. Wir sind eine „Bande" geworden, weil uns das Seil wie ein Band zusammenhält. (Ist das Seil für die kommende Übung zu lang, so geht ein Halbkreis auf den anderen zu und übergibt das Seil – es wird um die Hälfte kürzer. Daraus kann man dann einen kleineren Seilkreis knoten.)

❍ Oder: Der Erzieher geht mit einem Seil (Länge richtet sich nach der Gruppengröße) auf ein Kind zu und läßt dieses es anfassen. Das Kind sucht sich ein weiteres Kind aus und läßt wiederum anfassen, usw. Zum Schluß stehen alle dicht beieinander. So spürt man die Gegenwart des anderen fast hautnah. Wenn man eine Aufgabe erfüllt, dann kommt man sich ganz nahe.

Wir halten immer noch den „Seilkreis“ in den Händen. Beim Einatmen richten wir den Körper ganz aufrecht und heben die Arme in die Höhe. Beim Ausatmen lassen wir sie wieder sinken, entspannen unseren Körper und lassen das Seil locker durchhängen. (Man darf auch manchmal einen „Durchhänger“ haben.)

- ❍ Zum Lied *„Faß mit an, geh' mit im Kreis“* gehen wir am Seil im Kreis. Wenn die Spannung es erlaubt, können wir auch unter Augenschluß zum Lied im Kreis gehen.
- ❍ Wir benennen alles was rund ist (hier im Raum und draußen): Erde, Ball, Apfel, Kastanie ...
  Wir alle sind Kinder dieser Erde und halten fest zusammen.

- ❍ Das Seil wird dann (von allen Beteiligten gleichzeitig) kreisförmig in der Mitte auf dem Boden abgelegt. Korrekturen können angebracht werden. Ein Kind macht einen Rundgang um das Seil herum.

**<u>Die Gruppe in gesammelte Aufmerksamkeit führen</u>**

- ❍ Ein Kind sucht sich einen Ausgangspunkt am Seil (evtl. ein Knoten oder eine farbige Markierung). Es bekommt mit einer Zimbel, Klangschale oder ähnlichem einen Anfangston und geht am Seil entlang im Kreis. Wenn es wieder am Ausgangspunkt angekommen ist, dann wird ein Schlußton gegeben.

- ❍ Das gleiche wiederholt nun das Kind unter Augenschluß – gemeinsam mit jemandem, der es bei der Hand hält und führt. Wieder werden Anfangs- und Schlußton gegeben.
  Verfeinert kann man das mit geschlossenen Augen gehende Kind noch an nur einem Finger oder lediglich an der Fingerkuppe führen.
  Dann probiert es das Kind ganz allein mit geschlossenen Augen, wobei jemand zur Seite steht, der nur im „Notfall“ eingreift. Die beiden Töne nicht vergessen!

❍ Schließlich umkreisen alle mit der Hand in der Luft den Mittekreis (evtl. wiederum die beiden Töne geben). Nun zeigen wir das Rund noch mit unseren Händen, Armen: so rund wie der Erdball, so rund wie die Erde.

❍ Wir alle verbinden uns zum Erdkreis, reichen uns als Kinder dieser Erde die Hände, halten zusammen, was man nur zusammen halten kann: den Frieden. „Der Friede sei mit uns!"

**Die Mitte ausfüllen – den Schauplatz bereiten**

❍ Mit braunen oder grünen Tüchern wird die Mitte ausgelegt. Zu diesem Tun sucht sich ein Kind immer ein zweites. Beziehung wir so vollzogen, Partnerschaft geübt.
Das Ausfüllen muß sehr sorgfältig geschehen. Lange-Weile , Verweilen sind angesagt. Das Mittebild – der Kreis – bekommt durch Farbe eine nähere Bestimmung: Acker (braun), bzw. Wiese (grün).

❍ Ein Kind darf sich in die Mitte setzen. Es schließt die Augen und träumt (evtl. zu leiser Musik). Danach erzählt es uns, was es gesehen hat, z.B. Acker oder Wiese mit Gräsern, Blumen, Tieren etc. Wenn wir unsere Arbeit mit Kindern als Projekt verstehen und uns Zeit lassen wollen, können wir dem Kind in der Mitte seinen Traum auch ausgestalten.

❍ Als Schauplatz für unsere Geschichte freilich brauchen wir drei Bäume. Wir gestalten sie mit dunkelgrünen Rhythmiktüchern innerhalb des Seilkreises.

❍ Wir werden selber alle zu Bäumen, die in der Erde verwurzelt sind, die mit den Ästen, Zweigen (Armen) nach oben – zum Himmel wachsen, gerichtet sind. Wir erden – himmeln uns.

**Lieder können unser Handeln begleiten – es ritualisieren**

Mit einfachen Liedrufen verdichten wir auf sprachlicher und vor allem emotionaler Ebene unser Handeln. Es bekommt den Charakter eines Rituals.
Aus den angeführten Rufen ist auszuwählen, was der Gruppe, dem Leiter gefällt.

## Wir fangen jetzt an

## Es wandert das Seil

## Faß mit an, geh mit im Kreis

**DIE GESCHICHTE – 1.TEIL**
**WAS DIE BÄUME LIEBEN – WOVON SIE TRÄUMEN**

*Ich erzähle euch heute eine ganz alte Geschichte. Drei Bäume kommen darin vor. Unsere Bäume sind noch klein und sie träumen gerne. Was sie wohl Schönes träumen?*

*Sie träumen vielleicht, daß sie .... groß werden; daß .... Vögel ihr Nest in ihre Krone bauen ....*

❍ Was uns einfällt, bringen wir in Körperhaltungen: Wir stellen uns aufrecht hin, strecken uns zum Himmel aus, stellen mit den Händen ein Nest dar ...

*Wie gesagt: Die drei Bäume träumen gerne. Sie träumen auch, was aus ihrem Holz einmal gemacht werden soll. Sie sehen viele Dinge um sich herum, die aus Holz sind: eine Bank, einen Vogelkasten, ein Wegkreuz .... Das Holz kommt von Bäumen, das wissen sie. Wenn ein Baum nach vielen Jahren ganz ausgewachsen ist, kommt seine Erntezeit: Er wird gefällt und aus seinem Holz wird etwas ganz Schönes gemacht.*
*Was wohl einmal aus dem Holz der drei kleinen Bäume Schönes und Besonderes gemacht wird? .... (Schaukelpferd, Stuhl, Tisch, Bett ....)*

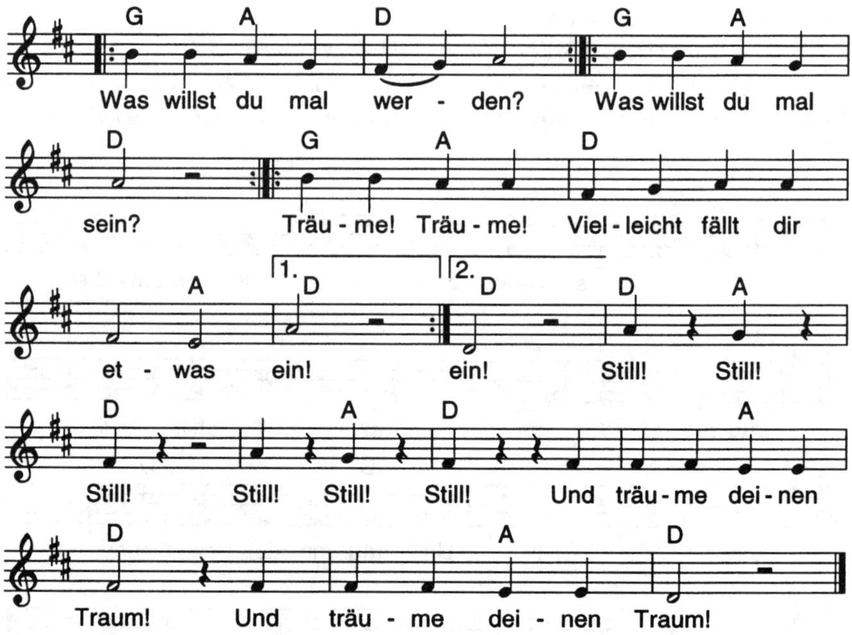

<u>**Der erste Baum und was er besonders liebt**</u>

❍ Wir umlegen 1/3 unseres Erdkreises mit dunkelblauen Tüchern, die wir im späteren Verlauf der Geschichte als Nachthimmel mit Sternen ausgestalten.

*Unser erster Baum liebt den Abendhimmel. Jeden Abend schaut er zum Himmel hinauf: Er liebt es, wenn die Sterne am Himmel aufleuchten und wie Edelsteine funkeln.*

❍ Wir spielen das Aufleuchten der Sterne, ihr Funkeln und Glitzern: Einer funkelt einem anderen zu, dieser wieder jemanden usw., bis alle zusammen wie ein großer Sternenhimmel leuchten.

❍ Wir singen und tanzen gemeinsam das Lied *„Nun singen wir das Sternelied"* (RPP 96-1-38) oder *„Jeden Abend leuchten Sterne auf"* (RPP 86-2-15) oder *„Weißt du wieviel Sternlein stehen"*.

❍ Wir gestalten Sterne auf die blauen Tücher.

*Besonders schön findet es der Baum, wenn eine Sternschnuppe vom Himmel fällt.*

❍ Wir spielen, wie Sternschnuppen fallen und singen dabei das Lied:

*Wenn ein Stern vom Himmel fällt, sagen die Menschen: Ein Kind wird geboren! Oder sie sagen: Wenn ein Sternschnuppe auf die Erde fällt, wird ein Edelstein daraus. So sagen die Leute. Das ist ihre Sage.*

## Sein Traum

Unser Baum träumt gerne. Wovon wohl?

❍ Alle schließen die Augen und halten ihre Hände offen. Ein jedes Kind bekommt einen Edelstein in die Hände gelegt.

❍ Wir sprechen mit geschlossenen Augen über das, was unsichtbar in unseren Händen liegt, wie es sich anfühlt und was man wohl damit tun könnte.

❍ Nach dem Öffnen der Augen und dem Betrachten singen wir:

*Jetzt wissen wir (vielleicht schon), was sich der erste kleine Baum so sehr wünscht: Aus seinem Holz soll einmal eine wunderschöne Schatzkiste werden. Ganz golden soll sie sein und viele wertvolle Edelsteine sollen darin liegen: der kostbarste Schatz der ganzen Welt.*

❍ Die Kinder fassen ihre Edelsteine in einem Holzring, gestalten sie als Stern aus und verbinden sie zu einer Sternenkette rund um das Mittebild herum. Dazu kann gesungen werden:

## Der zweite Baum und was er besonders liebt

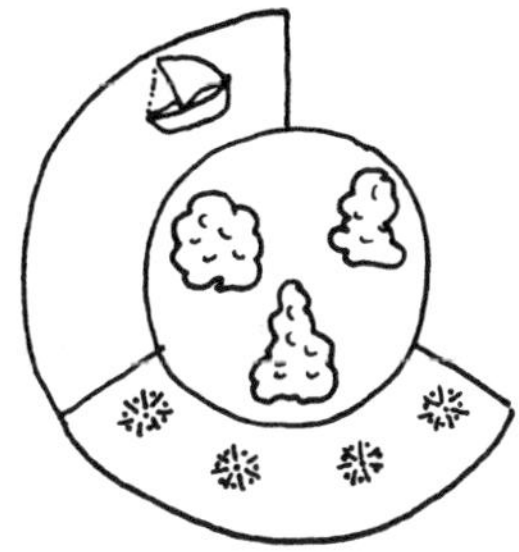

❍ Mit hellblauen Tüchern umlegen wir ein weiteres Drittel unseres Mittebildes. Die Farbe ist für die Kinder ein Impuls, nachzudenken, was unser zweiter Baum wohl liebt.

*Unser zweiter Baum liebt das Wasser. Gleich in der Nähe entspringt eine Quelle. Gerne hört er ihr zu, was sie ihm erzählt.*

❍ Wir spielen das Sprudeln, Quellen der Quelle und singen das Lied *„Nun singen wir das Quellenlied“* (RPP 96-1-38).

*Die Quelle erzählt, wie sie zu einem kleinen Bach wird, der sich durch Wald und Wiese schlängelt.*

❍ Wir spielen reihum mit unseren Händen das Fließen des Baches, wie die Wellen lustig auf und niedertanzen, mal schnell und mal langsam.

*Die Quelle erzählt, wie viele Bäche sich vereinen und zu einem Fluß werden, wie sich der Fluß mit anderen Flüssen trifft und zu einem großen Strom wird.*

❍ Hier könnte man die „Laola-Welle“ machen: Einer beginnt, geht mit dem ganzen Körper und den Armen nach oben und setzt sich wieder; im Anschluß macht gleich der nächste weiter usw.
Oder: Der/die Leiter/in geht auf ein Kind zu, nimmt es bei der Hand, dieses wieder eines usf., bis alle sich wie ein großer Strom durch den Raum bewegen (evtl. *„Nun singen wir das Wasserlied“).*

## Sein Traum

❍ Liedruf: *„Hört die Geschichte von unserem Baum“.*

*Viele Ströme fließen ins große Meer, hat die Quelle gesagt. Und auf dem Meer gibt es so etwas zu sehen:*

❍ Der/die Erzieher/in macht den Kindern langsame Ruderbewegungen vor, die die Kinder aufnehmen und im Rhythmus mitmachen. Dazu als Liedruf:

*Jetzt wissen wir, was sich der zweite kleine Baum so sehr erträumt: Aus seinem Holz soll einmal ein wunderschönes, prächtiges Schiff werden, ein Königsschiff! Es trägt nicht irgendeinen, sondern den größten König der ganzen Welt über das Meer.*

❍ Wir spielen das Königsschiff: Jeweils zwei farbige Rhythmiktücher werden an zwei Enden miteinander verknotet. Die oberen freien Enden vorne und hinten werden von zwei Kindern so gehalten, daß zwischen den „Bootsseiten“ noch ein Kind Platz findet, das den König spielt. Alle drei gehen auf die Reise über's Meer und bewegen sich wie auf unsichtbaren Wellen auf und ab.

❍ Wenn alle Kinder mitmachen, dann werden zum Schluß die geknoteten Tücher bootsförmig auf dem Boden abgelegt – um die „Sternenkette“ herum – und mit Legematerial als Königsboote geschmückt.

❍ Wir können dazu singen:

## Der dritte Baum und was er besonders liebt

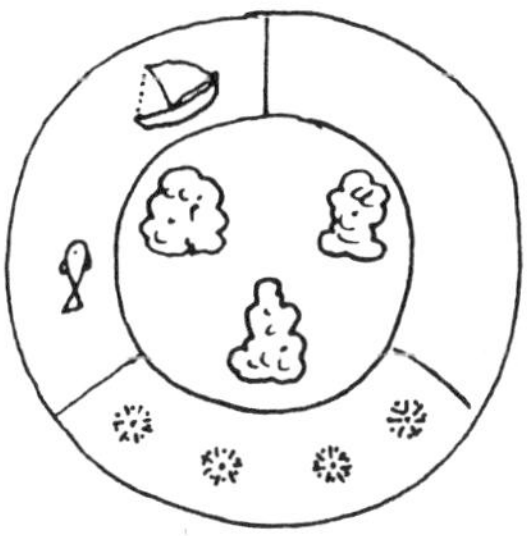

*Der dritte Baum hat auch etwas sehr gerne.*

❍ Wir umlegen das letzte Drittel des Mittekreises mit gelben Tüchern, die wir dann im Verlauf der Geschichte mit goldenen Kugeln und Plättchen als Tag-, Sonnenhimmel schmücken.

*Er liebt es, wenn die Sonne am Morgen aufgeht, wenn sie mittags hoch am Himmel steht und auf die Erde leuchtet.*

❍ Wir spielen, wie die Sonne am Morgen aufgeht, Licht und Wärme schenkt. Dabei singen wir *„Nun singen wir das Sonnenlied“* (RPP 96-1-38) oder *„Jeden Morgen geht die Sonne auf“* (RPP 86-2-15).

❍ Die gelben Tücher werden zeichenhaft mit Sonnenstrahlen aus Goldkugeln, -plättchen, gelbfarbenen Legeteilen etc. geschmückt.

## Sein Traum

❍ Liedruf: *„Hört die Geschichte von unserem Baum“*.

*Der dritte Baum hat einen ganz einfachen und doch so großen Wunsch: Er möchte gerne für immer an seinem Platz stehenbleiben. Er will sich zur Sonne hin ausstrecken, die er so liebt. Groß möchte er werden und immer höher und höher wachsen, bis er ein riesengroßer Baum geworden ist: der größte Baum auf der ganzen Welt!*

❍ Wir begleiten diese Erzählung mit unserem Körper, dem wir einen guten Stand geben und den wir nach oben hin weit ausstrecken.

*Er träumt davon, daß viele Menschen kommen und ihn bestaunen. Sie werden an seinem mächtigen Stamm hinaufschauen. Der Baumstamm lenkt und leitet ihre Augen-Blicke hinauf zum Himmel.*
*Die Menschen werden die strahlende Sonne sehen und an Gott denken, der alles ganz großartig gemacht hat (und soviel Wachstum schenkt), weil er die Menschen von Herzen liebt.*

❍ Die Kinder gestalten mit Holzplättchen, etc. Bäume. Dazu singen wir: *„Ich möchte hier so gerne“*.

❍ Wir können an dieser Stelle mit den Kindern in ein Gespräch kommen, sie fragen, was sie einmal werden wollen, wenn sie groß sind. Vielleicht hilft uns zu diesem Gespräch auch wiederum ein Lied:

## DIE GESCHICHTE – 2.TEIL
## WIE SICH DIE TRÄUME DER DREI BÄUME ERFÜLLEN

### Der Traum vom ersten Baum

*Die Zeit vergeht, tagein tagaus, Woche für Woche, Monat für Monat, Jahr für Jahr.*

❍ Wir legen an die ersten beide Bäume je ein hellbraunes Tuch, an den dritten Baum zwei übereinanderliegende Tücher als Stamm (die beiden Tücher für diesen Baum werden später gebraucht!).
Wir singen dazu eventuell als Lied *„Ring um Ring"* (RPP 97-1-33, 1.–3. Strophe)

*Mit der Zeit sind die drei Bäume erwachsen geworden. Sie sind gut gewachsen und ihr Holz ist das beste, das man sich nur denken kann.*
*Eines Tages haben sich Holzfäller auf den Weg gemacht. Sie sehen den ersten Baum. Sie sagen zueinander: „Es ist an der Zeit, daß er gefällt wird. Er ist gut ausgewachsen. Sein Holz kann man gut gebrauchen und verarbeiten! Kommt, wir fällen diesen Baum!"*

❍ In einem Sprechvers, verbunden mit entsprechenden Bewegungen, fällen wir den Baum.

*„Hicke, hacke, hick, hack, mit der Axt wird gehackt,*
*weil nur so der große Stamm – fallen kann.*
*Ritsche, ratsche, ritsch, ratsch, mit der Säge wird gesägt,*
*weil nur so der große Stamm – fallen kann."*

❍ Wir können das Baumfällen auch mit einem Liedruf begleiten:

*Was wohl aus ihm wird? Ob sich sein Traum erfüllt? Vielleicht wird aus seinem Holz ja tatsächlich eine Schatzkiste, die den kostbarsten aller Schätze in sich trägt!?*

❍ Der grüne Gipfel wird weggenommen und an den Bildrand gelegt. Der Erzähler formt aus dem braunen „Stamm-Tuch“ einen Trog, eine Krippe. Stroh wird eingefüllt.

*Aus dem Holz des ersten Baumes wird keine Schatzkiste gemacht, sondern nur ein Futtertrog, eine Futterkrippe. In einem Stall steht sie, wo Ochse und Esel daraus fressen. Trockenes Heu und Stroh liegen darin. Dabei wollte der erste Baum so gerne den kostbarsten Schatz der Welt in sich tragen. Doch da geschieht etwas Wunderbares. Es ist Nacht. Am Himmel leuchten viele Sterne und über dem Stall leuchtet ein besonders heller Stern gleich einem großen Edelstein.*

❍ Alle fassen sich an den Händen und strecken die Arme hoch, um den Stern über dem Stall anzuzeigen.

*Später werden die Menschen sagen: Es war der Weihnachtsstern ...*
*Sternschnuppen fallen vom Himmel. Der Sage nach wird in einer solchen Nacht ein Kind geboren...*

*Mitten in der Nacht kommen da eine Frau und ein Mann. Sie haben in der Herberge keinen Platz mehr gefunden. Im Stall aber, wo die Futterkrippe steht, da finden sie eine Bleibe. Die Frau ist schwanger und bringt dort ihr Kind zur Welt. Sie wickelt es in Windeln und legt es auf Heu und Stroh in die Krippe.*

❍ Ein „Jesus-Kind“ wird achtsam im Kreis – von Hand zu Hand – weitergegeben und in die gestaltete Futterstelle gelegt. Dabei singen wir als Lied:

*Maria und Josef, so heißen die Frau und der Mann, knien sich nieder und schauen das Kind an. Jesus soll der kleine Junge heißen. Sie sagen: „Du bist unser Schatz, du bist unser Augenstern, dich haben wir von Herzen gern!“*

❍ Liedruf:

*So wurde aus dem Holz des ersten Baumes doch noch eine Schatzkiste, freilich ganz anders, als erwartet. Der Traum ist in Erfüllung gegangen, denn der wertvollste Schatz der ganzen Welt liegt in der Futterkrippe: Es ist Gottes Sohn, der kleine Jesus.*

❍ Die Kinder dürfen – jedes für sich – für das kleine Jesuskind eine Krippe gestalten mit Heu und Stroh.

## Der Traum vom zweiten Baum

*Auch zum zweiten Baum kommen die Holzfäller. „Auch aus seinem guten Holz kann man etwas machen!“ meinen sie. So fällen sie ihn.*

❍ Lied „Kommt, wir fällen diesen Baum“ oder Sprechvers „Hicke, Hacke“.

*Der Baum wird gefällt, er fällt um. (evtl. Trommelschlag)*
*Was wohl aus ihm wird? Ob sich sein Traum erfüllt? Vielleicht wird aus seinem Holz ja tatsächlich ein Königsschiff, das den größten aller Könige über das Meer trägt!?*

❍ Der grüne Gipfel des zweiten Baumes wird weggenommen und an den Bildrand gelegt. Der Erzähler formt aus dem braunen „Stamm-Tuch“ ein kleines Boot.

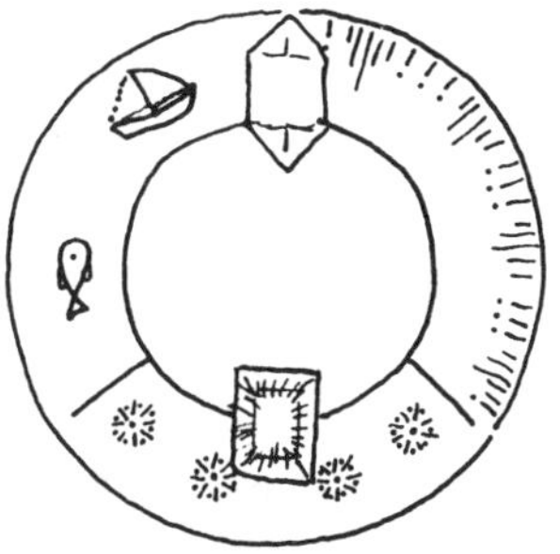

*Aus dem Holz des zweiten Baumes wird aber kein stolzes Königsschiff gebaut, sondern nur ein kleines Ruderboot, ein Fischerkahn. Fischer fahren damit auf den See hinaus. Sie werfen ihre Netze aus und ziehen sie wieder ein.*

❍ Liedruf verbunden mit Gestik des Ruderns, Netzauswerfens, usw.

*Dabei wollte der zweite Baum so gerne den größten aller Könige über das Meer fahren. Viele Jahre vergehen. Doch dann geschieht auch etwas Wunderbares. Eines Tages kommt Jesus an den See, Jesus, der damals als kleines Kind in der Krippe zur Welt gekommen war.*

❍ Eine Jesusikone wird im Kreis getragen.

*Jesus ist erwachsen geworden. Er ist 30 Jahre alt. Wo er geht und steht, da sind immer viele Menschen um ihn herum. Sie wollen Jesus sehen und hören, wie er von Gott, seinem Vater, erzählt. Sie wollen ihn und sein Gewand berühren, weil sie spüren, daß eine Heilkraft von ihm ausgeht.*
*So ein Tag ist ganz schön anstrengend. Auch Jesus wird einmal müde. auch er möchte sich ausruhen. Aber wo? In einem Boot auf dem Wasser wäre er ungestört. So geht er zu den Fischern, die seine Freunde sind. Er steigt in das Boot. Sie wissen, daß er sich bei ihnen im Boot ausruhen möchte.*

❍ Die Jesusikone wird ins „Boot" gelegt.

*Jesus fährt mit ihnen hinaus auf den See. Jesus schläft ein. Er ist so müde. Da ziehen Wolken auf. Blitze fahren vom Himmel, Donner grollt, es fängt heftig zu regnen an.*

Wir spielen Blitz und Donner (evtl. mit unseren Händen und/oder passenden Instrumenten), das Regenprasseln (mit den Fingernägeln auf den Stuhl prasseln).

*Ein mächtiger Sturm kommt auf. Die Freunde Jesu bekommen Angst. Das Wasser steht ihnen bis zum Halse, denn der Wind heult und hohe Wellen brechen über das Boot herein.*

❍ Wir singen das Lied „Hui, hui, hui". Wir heulen wie der Wind und spielen mit den Armen, dem ganzen Körper Sturm.

❍ Während dieses Bewegungsspieles erzählt der/die Leiter/in weiter:

*Jesus schläft. Die Fischer rufen ihm zu: „Hilf uns, Jesus! Wir gehen zu Grunde!" Jesus wacht auf. Er steht im Boot auf. Er streckt seine Arme aus.*

❍ Der Erzähler macht das gleiche: aufstehen, Arme ausstrecken.

*Jesus ruft in den Sturmwind hinein: „Sturm, sei still!" – Und alles wird ganz still: der Wind, das Wasser und auch die Fischer im Boot. Die Fischer staunen. Jesus gehorchen Wind und Wellen. Jesus ist der Herr, der Herr über Himmel und Erde. Er ist der größte König auf der ganzen Welt!*

*So erfüllt sich auch der Traum des zweiten Baumes, freilich ganz anders als er sich dachte. Er wurde zu einem Fischerboot, das den trägt, der Macht hat über alles, der König ist über Himmel und Erde: Jesus, Gottes Sohn.*

❍ Die Kinder bekommen kleine Jesusbildchen. Sie gestalten aus Stoff oder Papier oder Holz Schiffe und legen das Jesusbild hinein. Sie schmücken es. In einem Gebet oder im Lied bitten wir Jesus, bei uns und mit uns zu sein, wenn uns das Wasser bis zum Halse steht.

## Der Traum vom dritten Baum

*Der dritte Baum wollte eigentlich für immer an seinem Platz stehen bleiben und zum größten Baum der Welt werden. Die Menschen sollen an Gott denken, wenn sie ihn anschauen würden.*
*Aber auch zu ihm kommen die Holzfäller. Sie wissen ja nichts von seinem großen Wunsch. „Aus seinem guten Holz kann etwas gemacht werden!" meinen sie. So fällen sie ihn.*

❍ Lied „Kommt, wir fällen diesen Baum" oder Sprechvers „Hicke, Hacke".

*Der Baum wird gefällt, er fällt (evtl. wieder Trommelschlag).*
*Was wohl aus ihm wird?*
*Er wird zersägt. Schwere Balken werden aus seinem Holz gemacht.*

❍ Der grüne Gipfel des dritten Baumes wird weggenommen und an den Bildrand gelegt. Die zwei „Stamm-Tücher" werden zunächst wie zwei Balken parallel zueinander abgelegt.

*Viele Jahre vergehen und die Holzbalken liegen immer noch da. Keiner scheint sich um sie zu kümmern. Ob man sie vergessen hat?*
*Doch eines Tages, es ist ein Freitagmorgen, da werden sie gebraucht. Menschen kommen, holen sie ab und zimmern ein Kreuz daraus.*

❍ Die zwei Balken werden zu einem Kreuz gelegt.

*Einer soll das Kreuz tragen: Der als Kind in der Krippe gelegen war; der im Fischerboot den Seesturm gestillt hat – Jesus, Gottes Sohn. Er trägt das Kreuz hinauf zum Kreuzberg. Er wird ans Kreuz geschlagen.*

❍ Ein Kreuz mit dem Gekreuzigten wird im Kreis getragen und dann auf das Tuchkreuz gelegt.
Wir singen das Lied: „Zwischen Himmel – Erde hängt der Herr".

*Eine Dunkelheit kommt über's Land. Die Sonne scheint nicht mehr. Jesus ruft laut: „Gott, mein Vater, ich lege mich und mein Leben in deine Hände!" Nach diesen Worten stirbt er. Ein Hauptmann schaut hinauf zum Kreuz, zum Gekreuzigten und sagt: „Wahrhaftig, dieser Mensch war Gottes Sohn!"*

**STILLE**

*Hat sich nun der Traum des dritten Baumes erfüllt? Ja, er hat sich erfüllt. Er ist zwar nicht zum größten Baum der Welt geworden, aber aus seinem Holz ist das größte Zeichen der Welt geworden: Das Kreuz, ein sehr wichtiges Zeichen der Welt.*

❍ Wir bezeichnen uns mit drei kleinen Kreuzzeichen und sprechen:
Gott sei in meinen Gedanken, in meinen Worten (auf meinen Lippen) und in meinem Herzen!
Oder wir machen das große Kreuzzeichen und bezeichnen uns:
Im Namen des Vaters und des Sohnes und des Heiligen Geistes. Amen.

*Immer, wenn wir das Kreuzzeichen machen oder das Kreuz anschauen, denken wir an Jesus, Gottes Sohn. Wir denken an das, was er getan hat und an das, was er von Gott erzählt hat. Jesus hat uns gezeigt, wie sehr Gott uns alle liebt. Er führt unsere Augen, unsere Herzen nach oben zu dem, zu dem wir beten: „Vater unser im Himmel."*

❍ Wir singen nochmals das Lied „Ich möchte hier so gerne" (Heft S. 56). Mit einem gerollten gelben Tuch legen wir einen Strahlenkranz um den Gekreuzigten.

*Am Ostersonntagmorgen, als die Sonne aufging, ist Jesus von den Toten auferstanden. Es geht eine Sage unter den Menschen um. Die Menschen sagen und erzählen sich, daß das Kreuz im Licht der Ostersonne auf einmal zu grünen begonnen hat. Der Kreuzesbaum sei zum Lebensbaum geworden. Er soll Wurzeln, Zweige und Blätter bekommen haben.*
*Ob das stimmt? Ich weiß es nicht. Aber es ist doch schön, so etwas zu denken!*

❍ Wir schmücken gemeinsam mit den drei grünen Tüchern (Wipfeln) der gefällten Bäume und weiteren grünen Tüchern und Zweigen unser entstandenes Kreuz zu einem Lebensbaum. Unten, beim Kind in der Krippe, legen wir Wurzeln an.
Zum Schluß singen wir das Lied *„Baum des Kreuzes, du wirst grün"* (Heft S. 42).

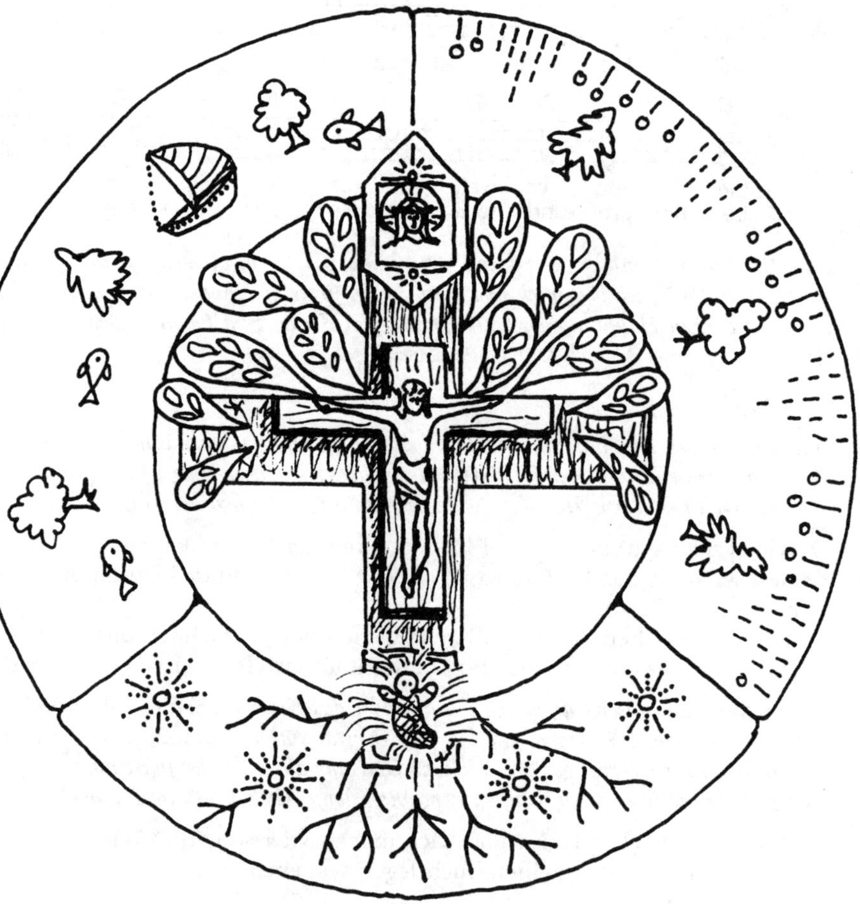

RPA-Verlag
religionspädagogische Arbeitshilfen GmbH
Gaußstraße 8, D-84030 Landshut
Tel. (0871) 73237 · Telefax (0871) 73996

ISBN 3-86141-124-5